clave

Neale Donald Walsch nació en Milwaukee en el seno de una familia católica que le enseñó a nunca temer a Dios. Tras abandonar la universidad, se dedicó al periodismo radiofónico, a la prensa escrita, al marketing y a diversos negocios, aunque no encontró satisfacción en ninguno de estos campos. Lo mismo le sucedía en su vida privada, con cuatro casamientos seguidos de reñidos divorcios. Tras un accidente de coche que casi le cuesta la vida, la imposibilidad de trabajar y su último divorcio lo dejaron en la calle, donde vivió varios meses. En 1992, harto de las idas y vueltas de su tormentosa vida, decidió escribirle una carta a Dios. En ese momento, Neale dice haber escuchado una voz que respondió con candor a sus preguntas. Mientras escribía esas cartas llenas de preguntas, las respuestas afluían a su mente y él las escribía. Así nació *Conversaciones con Dios*, traducido a treinta y siete idiomas, con millones de ejemplares vendidos en todo el mundo y adaptado a la gran pantalla en 2006. Además de esta serie, ha publicado otros veintiocho libros y viajado por todo el mundo intentando transmitir su mensaje.

Conversaciones con Dios IV

Despertar a la humanidad. Un diálogo nuevo e inesperado

NEALE DONALD WALSCH

Traducción de
Karina Simpson

DEBOLS!LLO

Papel certificado por el Forest Stewardship Council®

Título original: *Conversations with God. Awaken the Species. Book IV*

Primera edición: enero de 2024
Quinta reimpresión: noviembre de 2025

Printed in Spain – Impreso en España

ISBN: 978-84-663-7564-1
Depósito legal: B-17.881-2023

Impreso en Black Print CPI Ibérica
Sant Andreu de la Barca (Barcelona)

P 3 7 5 6 4 1

Para aquellos que ven que ni su Vida ni su mundo son tan maravillosos como se suponía que serían, pero saben que ambos pueden ser y ahora eligen que así sea.

NOTA DEL AUTOR

Estoy consciente de que en el libro más reciente de la serie de Conversaciones con Dios —*En casa con Dios en una vida que nunca termina,* escrito y publicado diez años antes que este texto— me fue indicado que ése sería el final de estos diálogos publicados y ampliamente distribuidos por mí. Sin embargo, la vida es un mosaico siempre cambiante y, dado que todos somos Uno con Dios, poseemos la habilidad de crear aquello que los cineastas llamarían un "final alternativo" para cualquier historia. Aparentemente esto es lo que sucedió aquí. Tal parece que en el nivel Superconsciente —el nivel en que funcionan todas las almas— se tomó una nueva decisión.

Podría haber mantenido en privado este último diálogo, pero todo en mi interior gritaba: "¡No te atrevas!". Con la distribución al público de una nueva transcripción, palabra por palabra, de mi más reciente conversación con Dios, siento que mantengo una promesa con Dios para hacer cuanto esté en mis manos para seguir colocando en el mundo la información más importante que me hayan entregado jamás: información que, como me ha sido demostrado, puede cambiar de manera positiva la experiencia cotidiana de millones de personas alrededor del planeta.

Pese al hecho de que las religiones más importantes del mundo afirman que la revelación divina de Dios a los humanos ha sucedido a lo largo de la historia, comprendo a la perfección si algunas personas sienten que un evento bendito como éste no ocurriría en la vida de una persona tan imperfecta y llena de fallas como yo. No obstante, siempre he dicho que no soy yo, en lo singular, quien tiene conversaciones con Dios, sino todos nosotros, en plural, todo el tiempo. La mayoría de la gente lo nombra diferente.

Todos tenemos la habilidad de acceder a la fuente de sabiduría más elevada en nuestro interior, de la cual estamos invitados a considerar que se trata de Dios trabajando dentro y a través de nosotros. El propio diálogo lo pone en forma sucinta en la voz de Lo Divino: "Les hablo a todos, todo el tiempo. La pregunta no es: '¿A quién le hablo?'. La pregunta es: '¿Quién escucha?'".

Por lo tanto, te invito a dejar de lado cualquier escepticismo natural que surja en ti respecto a la fuente de información que encontrarás aquí y, en cambio, a que te enfoques en si lo que ha sido ofrecido durante este proceso tiene o no valor en tu vida individual y, de una manera más amplia, en la comprensión de la Vida Misma.

Este texto contiene mucha información acerca de la vida y la muerte, así como del tiempo que existe entre ambas. Tal vez se encuentre lleno de más información metafísica que aquella a la que hayas estado expuesto en un solo lugar en mucho tiempo. En un punto del siguiente diálogo tal vez te encuentres a ti mismo diciendo: "Ya sea especulación o realidad, esto es sumamente fascinante", aunque luego te preguntes: "Pero ¿en qué beneficia saber todo esto? ¿Qué tiene que ver con mi vida y con mejorarla, mucho menos con la mejoría de las vidas de todos nosotros en la Tierra?".

Verás que he formulado pregunta tras pregunta en mi propio esfuerzo por convertir este diálogo en algo significativo y relevante. Lo cierto es que hoy, con todo lo que sucede en el mundo, la gente anhela y busca un mensaje de esperanza, fe, sanación y cambio. Descubrí que esta última conversación con Dios me brindó eso, y por lo tanto me permito compartirla al público. El intercambio presentado aquí contiene unos cuantos estimados rigurosos acerca de dónde nos encontramos ahora, a modo de iluminar aquello que estamos invitados a ver y empoderados a hacer.

Sé que suena trillado, pero es posible un Mejor Mañana para nosotros como individuos y para nuestra civilización. Muy, *muy* posible si lo elegimos. Como deja claro este diálogo, estamos A Una Decisión de Distancia. Espero que decidas tomar esa decisión después de leer lo que sigue.

INTRODUCCIÓN

El 2 de agosto de 2016 desperté de un sueño profundo. Me despertó La Necesidad. La conocía bien. No la había sentido en casi diez años, pero la conocía bien.

No tenía idea de qué hora era, aunque pensé: "Si son las 4:23, ¿necesitaré más señales que eso?".

Miré el reloj en la mesita de noche.

Las 4:13 a.m.

Por supuesto. Justo el tiempo suficiente para salir de la cama para mi "cita" de las 4:23.

El primer diálogo que tuve con Dios comenzó a las 4:23 de la mañana. Y cada mañana, durante semanas, me despertaba entre las 4:15 y las 4:30 con una profunda necesidad interna: *volver al diálogo.*

Este patrón continuó durante meses —y subsecuentemente por años—. Me preguntaba si habría algún significado en el horario en que sucedía, y al final dejé cualquier necesidad de entenderlo.

Cuando el material de la primera conversación con Dios, garabateado en un bloc de hojas amarillas, se convirtió en un libro publicado —durante el diálogo me fue dicho que así sucedería, de modo que me atreví a enviarlo a un editor—, pensé que acaso algo importante había tenido lugar aquí. Y cuando más de un millón de personas obtuvieron el libro y observé que se tradujo a 37 idiomas, me impactó la certeza de que así había sido.

Después comenzaron a llegar solicitudes para que hablara fuera de Estados Unidos, y tuve que buscar mi acta de nacimiento para solicitar un pasaporte. No estaba en ninguna parte entre mis documentos personales, por lo que la solicité al registro civil del lugar donde nací, pagué la cuota y pedí que me enviaran una copia oficial.

Cuando abrí el sobre y examiné el documento, quedé estupefacto.

HORA DE NACIMIENTO: 4:23 A.M.

Por supuesto.

De alguna manera era significativo para mí el hecho de que esta experiencia de conexión Divina pareciera iniciar a diario cerca de la hora en que llegué a este mundo. Al menos no podía ignorar su perfecta simetría.

Entonces, a lo largo de los años, cada vez que de repente me encontraba del todo despierto entre las 4:15 y las 4:30 de la mañana, con los ojos mirando fijamente el techo y cierta energía recorriendo mi cuerpo, sabía lo que sucedía. Me levantaba de inmediato, corría a mi laptop y me abría a lo que fuera que quisiera manifestarse.

Y así sucedió este día, el 2 de agosto de 2016. Acabo de quitarme las cobijas y de levantarme de la cama. Ahora estoy aquí, ante el teclado. Lo único es que no pensé que volvería a hacer esto.

Me explico.

Todos tenemos todo el tiempo las que yo llamo Conversaciones con Dios. Esto me quedó claro desde la quinta de las más de tres mil páginas publicadas de los diálogos de Conversaciones con Dios. Así que mi experiencia no era única ni fuera de lo común. Acaso lo que *fue* un poco inusual es que hice un registro escrito de mis encuentros más íntimos y luego los envié a un editor, quien por su parte *lo imprimió* y colocó en librerías.

He llegado a comprender y experimentar que yo —y todos nosotros— tenemos una conexión profunda y personal con Dios todo el tiempo, y que tal vez tengamos una conversación con Lo Divino al pedir guía, ayuda y entendimiento cuando así lo deseamos. De hecho, ése fue *el sentido del libro.* Fue colocado en el mundo para abrir esta experiencia a otras personas en todas partes, y para invitarlas a una nueva y más personal relación con Dios.

Sin embargo, la sensación de que *debo* sostener este diálogo —que "el momento ha llegado" para esa interacción, marcado por un profundo sentimiento interno que no puedo ignorar— es algo totalmente distinto. La experimento como una sensación que *me invade,* y no la había tenido desde hace casi diez años —por lo que me había convencido de que la había encontrado por última vez.

Claro, sabía que escribiría de nuevo. Siempre estaré escribiendo algo. Una columna para el *Hufftington Post.* Un blog para CWC Connect. Una entrada en Facebook. Una respuesta para alguien que escriba una pregunta en Ask Neale. Incluso un libro completo con la profundidad de los mensajes que he recibido. Algo.

Pero ¿otra conversación con Dios en papel? ¿Otro diálogo de ida y vuelta con la Deidad? Creí que esos días habían terminado. Pensé que ese proceso estaba completo.

Estaba equivocado.

1

No creí que alguna vez volvería a hacer esto. Pensé que el proceso estaba completo.

Hay más cosas que hacer. Una invitación más, Querido Mío.

Ya he aceptado dos: cambiar la mente del mundo acerca de Dios y devolver a las personas a sí mismas. Pensé que eso era todo.

Lo sé. Todavía no era el momento para la tercera.

¿Y ahora lo es?

Ahora lo es.

De acuerdo, ¿cuál es la tercera? ¿Y ésta será la última invitación?

Sí, ésta será la última. Por cierto, estas invitaciones no sólo son para ti. Son para todos, aunque no todos las aceptarán.

Aquellos que las acepten se identificarán.

Siempre he entendido que los mensajes no eran sólo para mí. Respecto a las primeras dos invitaciones, siempre lo comprendí así.

Así que ahora viene la tercera y última invitación. Porque es El Momento Perfecto para Avanzar en su planeta.

Eso suena muy emocionante, sobre todo cuando se siente justo lo contrario. Pareciera que nuestra civilización estuviera retrocediendo. Se siente como si nos estuviéramos volviendo menos civilizados, menos tolerantes, menos capaces de controlar nuestras indulgencias —por no hablar de nuestro enojo—, menos capaces de acceder a las mejores partes de nuestra naturaleza.

Me alegra que lo veas y que lo experimentes, porque si pones atención a lo que está sucediendo contigo y a tu alrededor —y haces lo que sientes que estás llamado a hacer en respuesta—, no tienes nada de qué preocuparte.

Bueno, a mí me parece que todo está muy mal, aunque no sé si estoy juzgando las cosas a mi manera y por eso no las veo con claridad. Es decir, en este planeta pasan muchas cosas que creo que no deberían estar sucediendo.

No se trata de si "deberían" o "no deberían" estar sucediendo. Se trata de lo que está pasando —tanto en tu experiencia individual y altamente personal como en la experiencia de lo colectivo, llamado humanidad— y cómo puedes cambiar, en forma drástica, lo que sientas que son las peores partes de eso.

Éste es El Momento Perfecto para que comiences a hacer esas alteraciones, porque lo que está sucediendo ahora —en el medio ambiente, en la política, en la economía, en lo social y en lo espiritual— te brinda signos evidentes e inconfundibles, incontrovertibles y clarísimos de cómo puedes hacerlo.

Así que es el momento de la Tercera Invitación.

Muy bien, estoy listo. Todos estamos listos. ¿De qué se trata? ¿Cuál es la Tercera Invitación?

Despertar a la especie.

2

Bueno, *eso* no es demasiado ambicioso.

¿Acaso hay algo demasiado ambicioso para Dios?

Me refería para *mí*.

Yo también.

Veo a qué te refieres.

¿Lo ves? ¿O has olvidado Quién Eres?

No. Bueno, *sí*... en el sentido de que no actúo de esa forma. Me refiero a que comprendo intelectualmente que Dios reside dentro de mí, que soy una Individualización de la Divinidad, sólo que no lo experimento de manera funcional.

Quizá desees comenzar a hacerlo.

Es más fácil decirlo que hacerlo.

Mientras sigas diciéndote eso, será una verdad para ti. Pero no puedes despertar a la especie hasta que te despiertes a ti mismo.

Lo sé, lo sé... Estoy tratando lo más fuerte que puedo.

Tal vez quieras esforzarte más. Es El Momento Perfecto para Avanzar.

Lo dejaste claro.

Entonces, ¿te esforzarás más? ¿Todos ustedes lo harán?

No puedo hablar por nadie más, pero yo sí lo haré. Dime cómo puedo despertar más rápido. No existe una sola persona en la Tierra que no quiera saber cómo hacerlo.

La forma más veloz de despertar consiste en ser la causa de que otra persona despierte más deprisa.

¿Cómo puedo "ser la causa" de que alguien *más* despierte más deprisa si yo no he despertado?

Esto resulta interesante. Es lo que llamo una Dicotomía Divina: cuando dos verdades en apariencia contradictorias existen de modo simultáneo en el mismo espacio.

La verdad es que *estás* despierto, sólo que no lo sabes. Así que, en ese sentido, no lo estás.

No estás despierto ante el hecho de que estás despierto. De modo que sientes como si *no* estuvieras despierto.

¿Puedes ayudarme a comprender esto? Siento como si sólo hubiéramos caminado en círculos.

¿Alguna vez escuchaste un ruido en medio de la noche y pensaste que era parte de un sueño, para sorprenderte al descubrir que, de hecho, estabas despierto?

Claro. Eso nos ha pasado a todos.

Pues ahí tienes.

Muy bien. Entonces estamos de acuerdo en que estoy despierto, pero aún no lo sé. ¿Qué me ayudaría a *darme cuenta* de que estoy despierto?

¿Alguna vez te has despertado *asustado* a causa de una pesadilla?

De nuevo, sí. También todos hemos experimentado eso.

Ahora mismo estás asustado por algunas de las condiciones en tu planeta, algunas de las cuales parecen una pesadilla.

Tú mismo dijiste que se siente como si estuvieran retrocediendo.

A veces en mi propia vida y no sólo en forma global.

Es muy bueno observar esto. Provocará que te des cuenta de que estás despierto, y que esto no sólo es un mal sueño, sino una realidad que tú ya no eliges.

Cada día te vuelves más y más consciente de lo que sucede, y eso te ayudará a recordar Quién Eres y te motivará a comenzar a actuar así.

Eso es todo lo que debe suceder aquí. Eso es todo lo que se requerirá de todos ustedes, quienes sienten que ya están despiertos para terminar con todas esas condiciones de pesadilla. Tan sólo necesitan *despertar* al hecho de que ya están despiertos, y de que hay algo que pueden hacer con respecto a lo que ven que ocurre a su alrededor.

No estoy seguro de estar dispuesto a intentar salvar al mundo.

Esto no se trata de salvar al mundo. Se trata de tu viaje espiritual personal; se trata de tu evolución individual. Puede ser la época más emocionante y fascinante que hayas experimentado desde tu nacimiento.

Y, en efecto, el mundo puede cambiar; en efecto, puede ser "salvado" por tu decisión de comenzar a actuar como Eres en Realidad, aunque ése no haya sido el objetivo.

Tu evolución personal es el objetivo y el propósito de todos y cada uno de los cambios que realices en cuanto a tu manera de moverte en el mundo y experimentarlo.

Si deseas demostrar Quién Eres en Realidad —y una forma de hacerlo consiste en ayudar a terminar con el sufrimiento de los demás, brindar sanación al planeta e incidir de manera positiva en el futuro de aquellos a quienes amas—, entonces no te sentirás agobiado por una "misión demasiado grande", sino felizmente entusiasmado por la oportunidad que la Vida ha puesto frente a ti en este Momento Perfecto para Avanzar.

La Tercera Invitación es para crear conciencia entre los diversos miembros de tu especie que ya están despiertos —como parte de su proceso de evolución personal— respecto al *hecho* de que son los que están, a fin de inspirarlos para que comiencen a actuar como tales y que de este modo se conviertan en un ejemplo e inspiren un comportamiento consciente entre aquellos que siguen dormidos —y que hagan todo esto porque así lo pide su evolución personal.

Gracias. "Lo entiendo." Pero sigue una pregunta en el aire. Si muchas personas ya están despiertas, ¿por qué *no* actúan como tales?

¿Estás diciendo que ninguna de ellas —ni una sola— sabe que está despierta? ¿Todavía piensan que sólo están "soñando" eso que a veces se siente como una pesadilla llamada "las noticias de hoy" en la Tierra?

No. Muchos de ellos saben que lo que sucede es real, y están conscientes de quiénes son y qué les implicaría despertar al resto de la especie.

Muy bien. Entonces mi pregunta persiste. Si existen tantos seres humanos que saben que están despiertos, ¿por qué el mundo es así? Yo soy un ejemplo perfecto. Todos los días hago o digo o pienso algo que de ninguna manera retrata el comportamiento de alguien "despierto". Si yo sé que estoy despierto, como lo afirmas, entonces, ¿por qué me comporto así?

Porque estar despierto y saber lo que sabes... y tener todo lo que sabes completamente integrado a tu vida... son dos cosas diferentes.

A veces —sobre todo cuando eres muy joven o actúas con inmadurez— resulta más atractivo fingir que no sabes lo que sabes. O sólo ignorar el hecho de que sabes.

Y a veces tan sólo lo olvidas.

¿Alguna vez te preguntó tu papá "por qué haces eso *si ya sabes que no debes hacerlo*"?

Por supuesto. Lo escuché cientos de veces.

Pues conviértelo en cientos de veces y una más.

Mira, tu especie es muy joven. Son como niños. Son los infantes del universo. Así que van por ahí haciendo cosas que saben que no son buenas para ustedes porque en ese momento parecen más divertidas. O tan sólo olvidan lo que les han dicho.

Ésta es la historia de la experiencia colectiva de tu especie en la Tierra. Tú has permitido que también sea *tu* experiencia individual, *aunque sabes que no tendría que ser así.*

No sólo estás observando comportamientos no benéficos en los demás, sino que tú mismo te estás involucrando en esas conductas.

Pero ahora será provechoso que dejes de lado tus comportamientos infantiles.

Lo sé.

Y sé que lo sabes. Eso es lo que te he estado diciendo. Incluso aquellos que antes *no* lo sabían, lo saben ahora. Se está volviendo demasiado obvio, incluso como para que los miembros más inmaduros de tu especie emergente no lo vean, no se den cuenta o pretendan que no lo saben.

Sin embargo, no *actúan* como si lo supieran. No integran lo que saben. Así que saben, pero no actúan como si *supieran* que saben. Están despiertos a Quienes Son y Lo Que Es Verdad, aunque su comportamiento no lo refleja. Continúan actuando como sonámbulos.

Si no quieren topar con pared o caer por un acantilado, harían bien en despertar y estar conscientes del hecho de que ya despertaron, de que no están soñando acerca de las condiciones de pesadilla en la Tierra. Y que no están "inventando" o imaginando que este mismo día es El Momento Perfecto para Avanzar en su evolución.

¡Comprendo! Lo sigues diciendo y lo entiendo. Lo comprendo. Y apuesto a que también lo comprenden quienes están leyendo esto ahora. Ésta es una buena noticia para todos.

Lo es. Y *estoy* siendo empático. Me *estoy* repitiendo a mí mismo.

Todo este diálogo al que te has sentido llamado consiste en repetir otras cosas que te he dicho en otras conversaciones.

Se trata de que lo escuches de nuevo y que lo comprendas *en su totalidad*. Se trata de reunir todo conforme avances hacia la Integración Total, para que entonces te sientas libre de aceptar la Tercera Invitación.

Siéntete libre de despertar a tu especie, porque en verdad éste es El Momento Perfecto para Avanzar.

3

¿Por qué te importa tanto? Pensaba que Dios no tomaba una postura respecto a cuestiones temporales.

¿Dices que tienes una preferencia, que estás profundamente interesado en cómo resulta mi vida y toda la vida en la Tierra? Si en realidad eres el Dios de este universo, y en efecto tienes una preferencia, ¿cómo es posible que no obtengas lo que deseas?

Espero que éstas sean preguntas justas, porque algunas personas se sentirán confundidas.

Toda pregunta es justa. Tu oportunidad —y la de todos quienes se identifiquen como alguien que cree que ayudar a los demás en su camino evolutivo forma parte de *su* propio viaje evolutivo— consiste en hacer lo que puedas para despertar a tu especie, en primer lugar por medio de tu comportamiento. Ya que lo que haces es cómo *eres* en el mundo, eso sacudirá a la gente para que despierte y la sobrecogerá para que vea cuáles son sus propias posibilidades.

De menor importancia, pero también valioso, será lo que les digas a los demás; será tener la valentía de compartir palabras, pensamientos e ideas que no están ampliamente aceptados y que servirán para abrir un camino hacia una mayor claridad para muchas personas.

Ahora bien, para responder la pregunta de este momento: yo no "quiero" que despierten a su especie más de lo que "quiero" cualquier cosa. Por favor, ten esto claro. Dios no vive "queriendo" nada. Todo lo que Dios quiere, Dios puede obtenerlo.

Sin embargo, Dios tiene deseos. El deseo de Dios es el combustible del motor de la creación. El Deseo Divino es lo que impulsa al universo.

De acuerdo. Entonces usaremos la palabra "deseo". Si Dios "desea" que la humanidad despierte —y supongo que esto es para preservar y mejorar la forma de vida de la humanidad—, ¿existe alguna duda de que eso vaya a suceder?

El deseo de Dios no es que ocurran resultados particulares, sino que los seres sensibles en el universo de Dios estén empoderados por completo para crear lo que quieran.

Si todos los seres sensibles del universo no tuvieran otra opción más que hacer exactamente lo que Dios les ordena, ustedes vivirían en un universo poblado por máquinas. Autómatas. Robots. Androides.

Esto derrotaría el propósito entero que Dios tuvo al crear a seres sensibles en primer lugar —lo cual implica permitir que Dios se experimente a Sí Mismo como lo que Es: El Creador de Libre Albedrío de Su Propia Experiencia.

Resulta fundamental comprender que Dios es tanto El Creador como El Creado. No existe una separación entre ambos.

Lo sé. Tengo muy claro que no existe nada que *no* sea Dios.

Ésa es justo la verdad.

Por lo tanto, Dios no experimenta el acto de "creación" al requerir que todo de Sí Mismo siga órdenes, sino justo de la forma opuesta: al permitir y empoderar a todas Sus creaciones para crear lo que deseen.

En esto, las Partes de Dios demuestran la característica fundamental del Todo:

Libertad.

Libertad absoluta para crear como sólo puede hacerlo un Creador Puro, sin límites ni restricciones de ningún tipo.

Éste es el poder otorgado a todos los seres sensibles. Es el poder otorgado a los humanos.

¿Lo comprendes ahora? Mi deseo no es que la humanidad esté despierta por completo. Mi deseo es que *ustedes* siempre tengan la fortaleza para tener y crear, expresar y experimentar lo que deseen. Si eso significa que estén despiertos, qué maravilla. Si eso significa que no lo estén, también está bien. No tengo una preferencia en el asunto, excepto que su preferencia se realice.

Entonces, ¿por qué la Tercera Invitación fue extendida por *ti*? Aquí no se trata de que nosotros vayamos hacia ti; se siente como si *tú* vinieras hacia *nosotros*.

Pero ustedes *están* viniendo hacia mí. Me lo han pedido, *todos* ustedes me han pedido ayuda. Todo lo que piensan y hacen y por lo que rezan me dice que ustedes desean que su vida cambie. Y que desean que la vida en la Tierra sea diferente.

¿Imaginas que yo no lo escucho?

Lo que resulta claro es que la única forma en que tu propia vida y la vida de la especie *van* a cambiar para mejor será mediante el despertar de la conciencia. Y por eso despertar se convierte en la intención.

Pero es *su* intención, *su* rezo, esto es lo que *ustedes* quieren. Mi papel sólo consiste en otorgarles el poder para crear lo que deseen.

Por *eso* les he extendido la Tercera Invitación.

Lo lamento, pero aún siento que con esa "invitación" *tú* estás acercándote a *nosotros*.

Responderé esto. Pero, primero, responde esto para mí, ya que otras personas que estén siguiendo esta conversación se lo estarán preguntando: ¿por qué todo esto es tan importante para ti? ¿Por qué inviertes tanto tiempo en saber "quién se acercó a quién"?

Porque si todo esto eres *tú* viniendo hacia *nosotros*, podría sentirse como un mandato y no como una oportunidad; como una orden y no como una invitación. Sé que tú no emites "órdenes" ni nos das "mandamientos", pero esta invitación tuya a algunos les parecería como esas películas de la mafia, cuando don Corleone dice: "Le haré una oferta que no podrá rechazar".

No es que te esté comparando con un mafioso, pero... digo... ¿quién le dice que no a Dios?

De hecho, muchas personas.

De acuerdo, no debí preguntar eso... La pregunta real es: ¿es ésta una "orden" de Dios? ¿Nos está comandando?

No. Como lo señalaste, yo no "comando" nada a nadie. No necesito hacerlo.

Piénsalo de esta manera: si un amigo o ser querido toca a tu puerta, ¿acudiste *tú* a *ellos* o ellos acudieron a ti?

Acudieron a mí, por supuesto.

Y si abres la puerta y los invitas a pasar, ¿tu invitación es una *orden* o una respuesta amorosa ante el hecho de que tocaron a tu puerta?

Excelente. Una bonita analogía. Entonces estás diciendo que tocamos a tu puerta.

Mi estimado, prácticamente lo estás diciendo: tú y la mitad de la raza humana.

¿Acaso no puedes escuchar el llamado más fuerte de tu especie? "¡Ayúdennos! ¡Por favor, que alguien nos ayude a cambiar!"

Sí, lo escucho. Lo escucho surgiendo desde mi propio corazón.

Y por eso he extendido la Tercera Invitación.

Todavía hay quienes dicen: tú eres el Dios, no nosotros. En lugar de invitar a los *humanos* a despertar a su especie, ¿por qué no lo haces *tú?*

Entonces repíteles a ellos una y otra vez: la función de Dios es darte poder para que *tú* hagas que suceda lo que deseas, en vez de hacerlo por ti.

Mi papel consiste en darles la libertad y los medios para crear su propia realidad, producir su propio futuro, generar sus propios resultados.

El objetivo es *mantenerlos* en el papel del Creador.

Mi intención nunca ha sido que los humanos sean simples trabajadores de una línea de ensamblaje, armando lo que yo haya diseñado. Mi intención desde el principio fue ponerlos ante la mesa de dibujo para que ustedes creen su *propio* diseño.

¡Entonces *tú* estás en la línea de ensamblaje armando lo que *nosotros* hemos diseñado!

Es mi turno para decir: "Una bonita analogía".

La línea de ensamblaje provee los medios por los cuales el diseñador convierte las ideas en realidad. Pero en este caso hay algunas restricciones. No ensamblaré las partes para hacer estallar la fábrica entera.

Por supuesto, estamos hablando en forma metafórica.

Entonces podemos terminar con nuestra forma de vida aquí, en la Tierra…

… si eso es lo que eligen…

… pero no podemos "desmontar" la "línea de ensamblaje". Podemos afectar nuestra realidad local, pero no podemos afectar la Realidad Última.

Es correcto. Lo comprendiste. Entiendes.

De modo que, para continuar con tu metáfora, nos estás invitando a no prenderle fuego a nuestra propia mesa de dibujo.

Exactamente. Y para darse cuenta de que justo ahora algunos de ustedes —un pequeño porcentaje, aunque el suficiente para ser peligroso para ustedes mismos— se están comportando como niños jugando con cerillos.

Oh, oh.

Sí. Aunque por eso éste es El Momento Perfecto para Avanzar.

¿Porque estamos comenzando a sentir el calor?

Bonita metáfora.

Así que… para seguir con ésta… sí, están sintiendo el calor y aún pueden quitarles los cerillos de las manos.

4

Sé que tal vez no parezca así debido a nuestras acciones, pero los humanos en verdad queremos sobrevivir. Por eso estamos pidiendo ayuda. La mayoría de los humanos afirman que la "supervivencia" es el instinto básico.

De hecho, la supervivencia no es su instinto básico. Si todos ustedes siguieran su instinto básico, la supervivencia de su especie no estaría en duda. Estaría garantizada.

Lo sé.

El instinto básico de la humanidad es la expresión de la Verdadera Identidad de cada humano, que es la Divinidad.

En términos humanos, esto se traduce en Amor Puro. Un amor que no conoce condición alguna para expresarse a sí mismo a cualquier costo.

Ése es el impulso fundamental, que es la razón por la que los humanos corren hacia un edificio en llamas, en vez de alejarse de éste, cuando escuchan a un bebé llorar dentro.

En el nivel superior, en el instante en que la decisión más urgente necesita ser tomada, la mayoría de la gente no se queda ahí parada, sopesando las posibilidades de su supervivencia, mientras el bebé llora. Hacen lo que su Verdadera Naturaleza les conmina a hacer.

En momentos como éste comprendes que no hay manera de que ceses de existir. Tu espíritu, la esencia de Quien Eres, vivirá por siempre —y en el rincón más profundo de tu interior, estás seguro de esto—. Por lo tanto, la supervivencia deja de ser el problema. La cuestión no es *si* vivirás, sino *cómo* vivirás —ya sea por veinte años o veinte minutos más.

Ahora bien, es verdad que puedes sentir un fuerte deseo por seguir viviendo en tu forma física actual durante más de veinte minutos, aunque tu instinto básico para expresar la Divinidad al convertirte en la personificación del amor incondicional supera y sobrepasa este deseo.

Por desgracia, no todos los miembros de tu especie experimentan este nivel de claridad durante los momentos ordinarios de la vida. De hecho, la cantidad de personas que lo hace es muy pequeña.

Resulta fácil perderse en el laberinto de la vida. Sólo en los momentos más cruciales, "a la hora de la verdad", la mayoría de los humanos actúa como si estuvieran fuera de sí, porque literalmente lo *están*. En cambio, se encuentran siguiendo el impulso de su alma.

Si los humanos siguiéramos el impulso de nuestra alma en *todo* momento, de la noche a la mañana crearíamos el Cielo en la Tierra. Podríamos hacerlo con tan sólo ver cada minuto de cada día como un Momento de Edificio en Llamas. Un momento en que tenemos el acceso fácil e instantáneo a los mejores ángeles de nuestra naturaleza.

Esto es lo que estarán haciendo todos aquellos que se han identificado en ayudar al despertar de su especie. Estarán siguiendo el impulso de su alma en todo momento y motivarán a otros a hacer lo mismo, incluso mientras intentan definir cómo hacerlo.

Pero recuerda que tu especie es muy joven y que no muchos de ustedes comprenden por qué están en la Tierra ni acogen las implicaciones de su Vida Eterna con Dios.

Si los humanos imaginan que existe una Vida Eterna de cualquier tipo, la mayoría cree que se trata de un eterno *premio o castigo*, y ven el Reino de Dios como una meritocracia. Por eso han creado un mundo de premios o castigos, reflejando en la realidad física una comprensión del todo imprecisa de la Realidad Última.

Sí, sí, lo sé. Ya hemos hablado de estas falsas nociones, durante intercambios previos.

Ahora volvamos al punto anterior, que es que la mayoría de ustedes quisiera que su especie continuara existiendo en su forma física actual.

Quieren que sus hijos y los hijos de sus hijos tengan la misma oportunidad que ustedes han tenido: la oportunidad de experimentar este maravilloso planeta físico, este entorno especial y único y esta expresión de vida particular.

Y aquí está la ironía. Aunque te dices a ti mismo que deseas que tu especie continúe y mejore su forma de vida, muchos de ustedes hacen cosas que lo dificultan demasiado.

No es *a propósito*.

No. No es a propósito. Pero ésa es la cuestión. Su especie no hace las cosas "a propósito" respecto a cómo viven sus vidas colectivas. Muchos de ustedes dicen una cosa y hacen otra.

Y éste es el asunto más importante que enfrenta la raza humana si en verdad quieren aprovechar que éste es El Momento Perfecto para que su especie Avance, al permitir que continúe existiendo en una versión física maravillosa y placentera.

Y ahora mismo estamos pidiendo un poco de ayuda porque nuestra "versión de lo físico" no es tan maravillosa ni tan placentera para muchos miembros de nuestra especie. La mayoría de los sistemas que hemos implementado para crear una mejor vida para todos nosotros en este planeta no han producido esos resultados.

Por ejemplo, nuestros sistemas políticos han producido desacuerdos continuos y desorden. Nuestros sistemas económicos han producido una pobreza creciente y una inequidad económica masiva. Nuestros sistemas de salud no hacen lo suficiente para eliminar la desigualdad en el acceso a la medicina y los servicios de salud modernos. Nuestros sistemas sociales generan cada vez mayor discordia y disparidad, por no hablar de la frecuente injusticia.

Y, lo más triste de todo, nuestros sistemas espirituales han producido, de muchas maneras y en diversos lugares, rectitud amarga, intolerancia escandalosa, furia extendida, odio arraigado y violencia autojustificada.

¿Ves a qué me refiero cuando digo que ya están despiertos? Estás observando las cosas con claridad. Por supuesto hay excepciones, aunque la precisión de tu evaluación general es evidente.

5

No quiero señalar nada más allá de "lo que está mal". Quiero hablar sobre qué tan fácil puede ser para nosotros modificar las cosas con un simple cambio de nivel en nuestra conciencia colectiva.

Será fácil. Notablemente fácil.

Sin embargo, no pueden "cambiar las cosas" a menos que sepan qué desean cambiar. De modo que discutir acerca de qué es lo que no está bien puede resultar muy útil, porque le permite a la humanidad saber dónde quisiera hacer algunas mejorías.

Esto resulta especialmente cierto con las personas que tienen la mentalidad de "no ver el mal, no escuchar el mal, no hablar del mal", quienes por lo regular no miran este tipo de cosas.

Sí. Aunque ya puedo ver a los apologistas formados para decir: "¡Espera un segundo! ¡Hemos hecho grandes progresos!". Dirán que tenemos que ver lo lejos que la humanidad ha llegado. Y afirmarán con precisión que las cosas no están tan mal como antes.

Entonces, ¿qué les dirías?

Les diría: "Sí, ¿pero *eso es todo?* ¿Es eso lo más que podemos decir de nuestra experiencia global?" "¡Las cosas no están tan mal como antes!" ¿No podemos al menos decir que nuestra especie al fin se ha vuelto *civilizada?*

Después los invitaría a ser los jueces. Señalaría cosas que no mucha gente sabe —o no piensa en ellas—. Y tampoco *quiere* pensar en ellas.

¿Como cuáles?

Como el hecho de que, en este preciso momento, más de mil quinientos millones de personas carecen de electricidad en éste, el siglo XXI. Como el hecho de que un número *mayor,* mil seiscientos millones, carecen de acceso a agua potable. Como el hecho de que un número aún mayor, más de dos mil quinientos millones de personas, carecen de inodoros.

Ahora bien, algunas de estas cosas pueden parecer simples inconvenientes, aunque estas condiciones tienen implicaciones enormes. Más de diecinueve mil niños mueren *a diario* en este planeta debido a problemas de salud que pudieron prevenirse, como la malaria, la diarrea y la neumonía.

Y luego tenemos este problema, el cual podríamos resolver prácticamente de la noche a la mañana si quisiéramos: más de 650 niños mueren en este planeta cada hora por inanición.

Mientras tanto, ochenta y cinco de las personas más ricas del mundo poseen una riqueza de más de tres mil quinientos millones... Ésa es la mitad de la población del planeta... *combinada.*

Muchas personas insisten en que no hay nada de malo en esto, y que esa estadística final nada tiene que ver con las anteriores.

"Entonces, ¿qué piensan? —les preguntaría a aquellos apologistas—. ¿Somos una especie civilizada?"

¿Y cuál crees que sería su respuesta?

De hecho, he tenido este tipo de discusiones, y muchas personas se ponen a la defensiva. Sobre todo si están entre el pequeño porcentaje de la población mundial que controla el mayor porcentaje de la riqueza y los recursos del planeta.

Dicen que aquellos que "tienen" hacen su mejor esfuerzo para llevar más a quienes "no tienen". Y muchos de ellos, si no es que la mayoría, han hecho su mejor esfuerzo. Los individuos no son el problema, sino las instituciones de la sociedad. Es la manera en que el "sistema" está configurado. Son las estructuras y las construcciones económicas.

Tu especie es joven. Aún intenta encontrar su propio camino.

El resultado es que hay muchas personas que describen a nuestra especie como "civilizada", pese al hecho de que seguimos construyendo —y amenazando con el uso de— armas de destrucción masiva en una comunidad global a la que no le ha sido posible crear una forma de convivir. Y sigo preguntándome: ¿esto es civilizado?

Hay muchos que describen a nuestra especie como "civilizada", pese a que seguimos matando seres humanos de manera intencional como medio para enseñar a los seres humanos que matar seres humanos de manera intencional no está bien —y no nos percatamos de la contradicción—. Y sigo preguntándome: ¿esto tiene sentido?

Hay muchos que describen a nuestra especie como "civilizada", pese a que seguimos afirmando que un Dios amoroso no desea que la gente que se ama una a otra se case si es del mismo sexo —o aunque *no* sea del mismo sexo, pero de diferentes razas, religiones, tribus o culturas—. Y sigo preguntándome: ¿ésta es nuestra definición de amor?

Hay muchos que describen a nuestra especie como "civilizada", pese a que seguimos matando brutalmente y comiendo la carne de otras criaturas vivas, pretendiendo que esas criaturas no son lo bastante conscientes de sí mismas para experimentar "sufrimiento" en la forma como son criadas y masacradas —o que no importa si, en efecto, experimentan sufrimiento, pues los humanos tenemos el *dominio* sobre ellas y podemos hacerles lo que queramos, como queramos, cuando queramos—. Y sigo preguntándome: ¿es así como definimos a la especie humana como humana?

Hay muchos que describen a nuestra especie como "civilizada", pese a que seguimos fumando e ingiriendo carcinógenos conocidos, ignorando la gran cantidad de nosotros que sufrimos por lo que éstos *nos provocan*; y a que seguimos abusando del alcohol y las drogas, pretendiendo que son sustancias que podemos manejar —aunque no las estemos manejando en absoluto y veamos que esas cosas alteran nuestra personalidad, la raíz de nuestro *ser*—. Y sigo preguntándome: ¿ésta es la medida de nuestra inteligencia?

Dado que estas condiciones se presentan a sí mismas de una forma tan inevitablemente visible y radicalmente obvia, éste es El Momento Perfecto para Avanzar.

Hace cincuenta años —incluso hace veinte—, antes de la vasta expansión de internet y el alcance global explosivo de las redes sociales, aquellas condiciones existían y muchas menos personas las notaban.

Entiendo lo que dices. Es el "momento correcto" para que la humanidad en verdad sea capaz de hacer algo respecto a todo esto ahora, porque ahora todos pueden saber, *todos* —y no sólo unas cuantas personas aquí y allá en organizaciones activistas, instituciones académicas u oficinas de gobierno— pueden estar conscientes de cuáles son los problemas y qué tan *extendidos* se encuentran.

¿Puedes imaginar que en el primer cuarto del siglo XXI, en un planeta cuyos habitantes se consideran a sí mismos como evolucionados, mil seiscientos millones de personas no tengan acceso a agua potable?

Entonces te estás dando cuenta de que no puedes resolver los problemas que desconoces —y que saber acerca de ellos y hablar cada vez más de ellos es algo para celebrar, pues genera el clima perfecto para que tales condiciones sean al fin atendidas y en el que se pueden crear soluciones.

¡Exactamente! O, para ponerlo de otra forma, la necesidad es la madre de la invención.

Tengo una gran esperanza en que la empresa humana se convertirá en una de las expresiones de vida más exitosas y alegres del cosmos. Y me queda claro que estamos A Una Decisión de Distancia para crearlo.

¿Y cuál es Esa Decisión?

6

Creo que podemos transformar la experiencia global de nuestra especie entera al tomar la decisión de explorar con una mente abierta, en forma genuina y sin restricciones, la realidad de Quiénes Somos en Realidad, para luego aceptarla con el corazón abierto, con alegría y sin reservas.

Lo expresaste de maravilla.

Y ésta será una decisión muy impactante, pues se vincula con tu proceso evolutivo individual.

Recuerda que lo que estamos discutiendo aquí no es tan sólo cambiar las condiciones del mundo, sino transformar las condiciones en la vida personal de todos, en la experiencia cotidiana de todos. De hecho, como mencioné antes, aquí es donde todo empieza. Es donde comienza.

La Tercera Invitación se trata de cómo transcurre la vida individual, cómo se siente y qué se está presentando como su siguiente manifestación.

Si aceptas la invitación para despertar a la especie puedes ser un Yo transformado, porque es como dije al principio: la forma más rápida de despertar al Yo consiste en despertar a otro.

Cuando comiences a enfocarte en esto, te darás cuenta de que ya *estás despierto* —y esto hará toda la diferencia.

Cambiará tu forma de pensar, de hablar, de actuar y la forma en que eliges ser en cada momento y situación.

A cambio, eso afectará tanto lo que es atraído hacia tu vida, como la forma en la que experimentas *cualquier cosa* que venga hacia ti.

La única pregunta ahora es si la humanidad tomará Esa Decisión. Creo que *puede realizarse*. No es un sueño imposible que esté fuera del alcance ni de la discusión.

No lo es en absoluto. Pero invitará y requerirá de un cambio maravilloso en la conciencia individual y grupal. Una expansión cuántica de la perspectiva y percepción de la humanidad. Un altísimo y gozoso aumento de la conciencia.

Para reenfatizar, es posible que eso suceda, o no estarías diciendo que éste es El Momento Perfecto para Avanzar.

No sólo es posible, sino que ahora mismo está sucediendo. No tendrías esta conversación —y nadie la estaría siguiendo— si semejante cambio en la conciencia no fuera evidente y estuviera ocurriendo ahora.

El siguiente paso es que cada vez más seres humanos despierten.

Comprendo la Tercera Invitación. Ahora la entiendo por completo. Al igual que todos los que están leyendo esto. Sospecho que habrá muchas personas eligiendo avanzar en su propia evolución al prestar sus energías con humildad, de la manera que puedan, aunque sea mínima, para que la especie despierte, al trabajar en su propia toma de conciencia.

Y para ayudarlos a lograrlo, están invitados a volverse hacia los Aspectos Superiores de la Realidad Única de la cual forman una parte integral.

Espera. Detente ahí. Estaba "entendiendo" todo lo que has dicho, pero ahora me perdí.

Están motivados a darse cuenta de que no se encuentran solos al enfrentar los desafíos que confronta su especie.

Sí, sé que casi todos en la Tierra están preocupados por esto. No hay muchas personas en el planeta que no estén preocupadas por el futuro y que intenten, cada una a su manera, hacer algo para crear un mejor mañana.

El desafío aquí es que hemos intentado tantas cosas y aún no encontramos la respuesta. Como he dicho, aún no hemos encontrado una manera de convivir. Ni siquiera podemos encontrar la forma de dejar de matarnos unos a otros.

De modo que tal vez sea el momento de obtener ayuda de quienes *han* encontrado el camino.

Como acabo de decir, casi todos en la Tierra lo han intentado y hasta ahora han fracasado.

Entonces recurre a aquellos que no están en la Tierra.

Lo siento, pero...

Quizá sea el momento de obtener ayuda de aquellos que no están en la Tierra, que saben todo acerca de la vida en la Tierra, pero no *provienen* de la Tierra.

7

Vaya. ¿Qué clase de puerta acabas de abrir?

Una puerta que siempre ha estado abierta. Simplemente no la han cruzado.

¿Estamos hablando de seres del espacio exterior?

¿Crees que esos seres existen?

Bueno, sí, lo creo. Incluso tú me dijiste que existen. Tuvimos una larga discusión al respecto desde el capítulo 16 hasta el final de *Conversaciones con Dios, Libro 3.*

¿Y qué dije ahí?

Dijiste que había muchas civilizaciones avanzadas en el universo. No docenas ni cientos, sino *miles*. Hablaste en forma extensiva acerca de los que llamas "Seres Altamente Evolucionados", para los cuales creamos el acrónimo "SAE". Y describiste la mayoría de las bases de las sociedades altamente evolucionadas.

Recuerda lo que dices, porque tendrá un papel más adelante en *este* diálogo.

De acuerdo, lo haré. Y lo que ahora quería decir es que nada de lo compartido antes acerca de las civilizaciones avanzadas en otro lugar me pareció fuera del reino de la posibilidad. Nada me pareció improbable. Después de todo, nos encontramos en un universo enorme. Lo que *sí* me parece inverosímil es la idea de que *nosotros* seamos los únicos seres sensibles en él. La probabilidad de que *eso* suceda debe ser una en miles de millones.

De hecho, no hay ninguna probabilidad de que así sea. *Por supuesto* que hay otros seres sensibles en el universo. Están por todas partes.

¿Y estos seres se encuentran dispuestos a ayudarnos? ¿Es lo que estás diciendo?

Digo que no necesitan pensar que están solos al aceptar la invitación para despertar a su especie.

Bueno, no es así. Tú mismo dijiste que hemos acudido a *ti*. Hemos tocado a tu puerta. Hemos acudido a Dios. ¿No debería ser suficiente? ¿Venimos a Dios y tú dices que acudamos a *otras formas de vida en el universo?*

La Divinidad se presenta en diversas formas. La que *ustedes* tomaron es una de ellas. Así que, si quieren experimentar que Dios los ayuda, mírense a ustedes mismos y a su propia sabiduría superior —pero entonces tampoco duden en mirar todas las Manifestaciones de la Divinidad disponibles para ayudarlos.

No miren de largo ni a través de aquellos que pueden estar abriendo la puerta en respuesta a su llamado.

En verdad estás hablando de seres fuera de este planeta, ¿verdad?

Así es.

Estoy seguro de que muchos humanos creen que nuestra ayuda vendrá de los cielos, ¡pero no de *otras formas de vida* en los cielos!

Sería muy corto de vista ignorar o negar tal posibilidad.

Entonces déjame aclararlo, pues no quiero que exista ninguna confusión. ¿Estás diciendo que otras formas de vida en el universo están eligiendo ayudarnos?

Algunas sí. No todas las demás formas de vida, pero algunas. No todas las demás formas de vida son benevolentes.

Bueno, *eso* es un poco aterrador.

¿Por qué? Incluso no todos los *humanos* son benevolentes. Muchos de ustedes ni siquiera se ayudan entre ustedes. Y de hecho se lastiman unos a otros.

Sí, pero somos una especie muy joven. Y hemos coincidido en que muchos humanos actúan como niños. Dijiste que muchas de las otras especies de seres sensibles en el universo son mucho más avanzadas que nosotros.

Eso no significa que en todo caso serían de ayuda para ustedes. Algunas de ellas son violentas.

¿Formas de vida *avanzadas* de otras partes del universo son violentas?

Algunas de ellas sí.

Si son tan "avanzadas", ¿cómo pueden seguir siendo violentas?

Existe una diferencia entre ser altamente avanzado y ser altamente evolucionado.

Si las personas de hace dos mil años pudieran viajar en el tiempo y aparecieran en tu planeta ahora mismo, ¿crees que dirían que los habitantes actuales de la Tierra son "avanzados"?

Sí, me imagino que sí.

Y aun así, ¿acaso los habitantes actuales de la Tierra no son violentos?

Sí. Por desgracia, sí, lo somos.

De modo que el avance tecnológico no implica por necesidad un avance moral, ético, de conciencia o espiritual. ¿Es eso lo que estás diciendo?

Buen punto.

Entonces no asumas que todas las demás formas de vida en el universo han decidido ser de ayuda mientras ustedes buscan despertar a la humanidad. Las civilizaciones avanzadas no se equiparan en automático a las civilizaciones altamente evolucionadas.

¿Y nosotros podríamos notar siquiera la diferencia? Para el caso, ¿seremos capaces de saber que *existen* Seres Altamente Evolucionados que han decidido ayudarnos? Es decir, estás afirmando eso aquí, pero ¿es posible para aquellos que estamos en la Tierra saber eso en *nuestra experiencia*, sin asustarnos?

Y aún más importante: ¿*cómo* nos están ayudando estos Seres Altamente Evolucionados? ¿Flotando sobre nosotros —de manera literal o metafórica— y observándonos para asegurarse de que no nos hagamos demasiado daño? ¿Al visitarnos y trabajar con nosotros en forma física, aquí mismo, en la Tierra? ¿Al plantar ideas a distancia en nuestras mentes?

Bien. Continúa. Éstas no son preguntas sin importancia.

¿Y las respuestas?

La respuesta a todo lo anterior es sí.

Mmm… de acuerdo. Necesito que elabores la respuesta. ¿Podrías detenerte a explicarlo?

Tendremos que tomar una pregunta a la vez.

Como sea que funcione.

Entenderán la diferencia entre otras formas de vida que sean de ayuda y aquellas que no al sentir la vibración.

Vaya, una respuesta muy *new age*. Disculpa… Es decir, lo siento… pero ya puedo escuchar a miles de personas diciendo: "Qué respuesta tan tonta, estilo *new age*. 'Siente la vibra', hermano".

¿Alguna vez entraste en una habitación, un bar o un restaurante y en segundos decidiste que no querías estar ahí y te diste la vuelta para salir?

¿Te has puesto una camisa o una blusa mientras te vistes para ir a alguna parte y de inmediato te la quitaste al saber que no era la correcta?

¿Alguna vez conociste a una persona y sentiste una conciencia interna de que no tenías mucho que ver con ella? ¿O has experimentado el "amor a primera vista"?

Claro. La mayoría de nosotros ha tenido al menos una de esas experiencias.

¿Y pensaste en ellas como experiencias "tontas, estilo *new age*", o sólo como parte de la vida?

Gracias, ya entiendo. Así que, si podemos sentir la vibración de bares, blusas y personas, podemos sentir la vibración de otras formas de vida —y de inmediato sabríamos cuáles se sienten bien para nosotros, y de ayuda, y cuáles no.

Sí.

Si están poniendo atención a lo que perciben, serán capaces de darle sentido a todo esto. La gente que no usa los poderosos sentidos contenidos en todo ser humano —eso que podrías llamar "sentido común"—, podría confundirse por completo y determinar, en la frustración, que lo que experimenta son "tonterías".

Ése es un inteligente juego de palabras, pero…

… no era un "juego" de palabras, sino el uso preciso de las palabras para transmitir un mensaje importante: no le servirá a la humanidad descartar lo que se ha dicho aquí sin pensarlo antes dos veces.

De acuerdo. Pero ¿cómo podemos saber que semejantes Seres Altamente Evolucionados nos están ayudando?

No te preocupes, lo sabrán. No podrán ignorarlo. Quizá lo llamen de otra forma, pero lo sabrán.

Pero si lo llamamos de otra forma, no sabremos lo que es.

No es necesario saber lo que algo es para beneficiarse de eso.

¿Ya hemos recibido esa ayuda? Dijiste que "no podremos ignorarlo". Eso está en tiempo futuro. ¿Estamos comenzando a recibir esa ayuda?

Están comenzando a ser más conscientes de eso.

Pero ¿ha estado ahí todo este tiempo?

Sí, durante un periodo que los humanos llamarían mucho tiempo.

¿Y qué tan útil ha sido, si hemos llegado a *esto*?

De hecho, su especie ha llegado a esto justo en el momento perfecto y en la forma perfecta.

Han alcanzado este Punto de Elección y obtenido la habilidad de verlo exactamente como eso, muy rápido, en términos cósmicos. Y las condiciones y circunstancias de las que reniegas son ideales, en el sentido de que éstas ahora son lo bastante alarmantes para provocar que sus opciones de futuro sean inequívocamente claras.

Así que, de hecho, los Seres Altamente Evolucionados han trabajado con gran rapidez y con mucha eficiencia, conminados por el reloj del universo.

8

De acuerdo, esto se está poniendo *muuuy* interesante. Y debo decir que "entiendo" por completo que los Seres Altamente Evolucionados podrían estar vigilándonos. En los últimos años ha habido bastantes avistamientos de ovnis...

¿En los últimos años? Querrás decir en los últimos siglos.

De acuerdo, en los últimos siglos... como para afirmar —uno pensaría— que sin duda alguna estamos siendo observados. Pero ¿siendo ayudados? ¿Siendo detenidos para no lastimarnos a nosotros mismos? ¿Cómo puede hacerse *eso*? ¿Plantar ideas a la distancia? Está bien, quizá incluso puedo aceptar *eso* y hasta puedo asumirlo como una posibilidad... pero ¿que en realidad nos visiten?

Ya nos estamos adentrando en otros territorios.

Hablando de juegos de palabras.

Y lo hice con la misma deliberación que tú. Pero debo decir que nunca pensé que mi conversación con Dios me traería hasta *aquí*. Nunca pensé involucrarme en *esto*.

¿Recuerdas cuando dijiste que dedicamos una parte significativa de *Conversaciones con Dios, Libro 3* para hablar acerca de los Seres Altamente Evolucionados?

Sí, mas no de que ellos elijan ayudarnos.

No, pero sí acerca del hecho de que existen, con certeza.

La existencia hipotética y la asistencia que nos brindan aquí y ahora —incluyendo sus visitas— son dos cosas totalmente diferentes. Son dos cosas *radicalmente* diferentes.

Coincido. Aceptar esta posibilidad es parte de la Tercera Invitación.

Pensé que la invitación era para despertar a nuestra especie, no para ser presentados a una *nueva* especie. ¿Estás diciendo ahora que para despertar a la especie debo aceptar la creencia de que otras formas de vida...? Supongo que la mayoría de la gente no los llamaría SAE como nos referimos a los Seres Altamente Evolucionados en el Libro 3, sino simplemente como extraterrestres...

¿Estás diciendo que debemos asumir la creencia de que los extraterrestres...?

... mejor continuemos llamándolos Seres Altamente Evolucionados, o SAE, para abreviar...

¿... de que una especie que ha cobrado conciencia eligió ayudarnos y nos visita?

No *tienes* que asumir nada. Puedes continuar con tu misión de ayudar a despertar a tu especie sin adoptar ninguna creencia de que existe otra especie, y mucho menos debes aceptar la idea de que existen Seres Altamente Evolucionados que han decidido ayudar a los habitantes de la Tierra.

Pero acabas de decir que "aceptar esta posibilidad es parte de la Tercera Invitación".

Es *parte* de la invitación, pero no es *obligatorio aceptar* la invitación.

¿Podrías ahondar en esto?

Volvamos a la analogía de la puerta.

Si llamas a mi puerta y yo abro, te invito a pasar y digo: "¡Qué oportuno! Justo ahora saqué algunos aperitivos", no significa que debas rechazar la invitación si no consumes los bocadillos que te ofrezco.

Entiendo. Puedo ir a la fiesta sin que deba "tragarme" lo que no me guste.

En efecto, puedes hacerlo.

Puedo aceptar la invitación para ayudar a nuestra especie a despertar sin la necesidad de creer que *otra* especie eligió ayudarnos y nos visita.

Sí. Una decisión no depende de la otra.

Eso está mejor. Así siento que tengo un poco más de libertad.

La libertad es algo que *siempre* tendrás. Ésa es una promesa que te hago. Ése es mi compromiso eterno.

Lo sé y te lo agradezco. Lo has dicho una y otra vez, y lo acepto como uno de los mayores regalos que nos das.

Entonces, digamos que ahora al menos estoy dispuesto a explorar estas ideas que trajiste a nuestra conversación. Digamos que estoy dispuesto a explorarlas como posibilidades. Lo que en realidad quiero saber es *cómo* puedo ayudar a despertar a nuestra especie, y cómo sería una humanidad que ha cobrado conciencia: de qué manera crearía y experimentaría la vida.

Describí esto con detalle —con gran detalle— en el que has llamado Libro 3 de tu conversación conmigo.

Así es, y me encantaría repasarlo. Ya olvidé la mayor parte de lo que dijiste. Es increíble cómo olvidamos lo que en verdad nos resulta valioso para recordar.

Sí, eso forma parte de la experiencia humana, por supuesto. Sin embargo, la repetición puede ayudar. Así que aquí resumiremos mucho de eso una vez más, y repetiremos algunos puntos destacados de conversaciones pasadas.

Por mí está bien. Este repaso me servirá mucho. Por lo pronto, no puedo seguir ignorando lo obvio. No puedo pretender que no dijiste lo que acabas de decir.

No sólo dijiste que los Seres Altamente Evolucionados existen en el universo, sino también que han elegido ofrecernos su ayuda en forma directa, y que incluso nos están visitando.

Tal como señalé, ésas son dos piezas de información radicalmente distintas.

Podemos explorar ambas. La segunda exploración le servirá a la primera. Para muchas facetas de la vida resultará benéfico que las explores durante este maravilloso momento evolutivo de tu especie, sin haber asumido nada y sin dejar nada fuera de consideración.

Mantén siempre la mente abierta. Para todo, siempre mantén la mente abierta. Todo es posible. En especial cosas sobre las que no sabes nada. No decidirías que es imposible algo acerca de lo que nada sabes, ¿o sí?

Muchos humanos lo han hecho durante mucho tiempo.

Pero tú, y otros como tú, han sido diferentes. Han mantenido la mente abierta.

Estás sentado aquí, en este momento, involucrado en lo que otros llamarían —en lo que *muchos* otros llamarían— una imposibilidad, una idea delirante, incluso una blasfemia. Estás sosteniendo una conversación con Dios. Y no has emitido un juicio al respecto.

¿Por qué lo haría? Fuiste tú quien me dijo, en una conversación anterior —hablando de nuestros intercambios previos—, que al menos considerara la *posibilidad* de que podría haber algo que yo no comprendiera del todo sobre la Vida y sobre Dios, y que esa comprensión cambiaría todo. De modo que lo he aplicado a mi propia experiencia.

Me queda muy claro que todos somos totalmente capaces de acceder a la más alta fuente de sabiduría dentro de nosotros mismos —a lo que yo llamo Dios— cuando lo necesitemos o deseemos.

Lo hemos estado haciendo durante años. ¡Desde que nacimos! Todos estamos teniendo una conversación con Dios todo el tiempo. Sólo que muchos no lo saben. O lo llaman de otra manera. Al menos ése es *mi* entendimiento, *mi* observación y *mi* experiencia.

¿Así que puedes aceptar que Dios se comunica contigo, pero no estás tan seguro de que los ayuden Seres Altamente Evolucionados?

Buen punto. Supongo que la segunda idea me parece un poco más como ciencia ficción que la primera, por lo que está algo lejana de algo que pueda aceptar fácilmente y sin dudar. Es decir, incluso las religiones organizadas hablan de "revelaciones" —momentos de maravillosa claridad, comprensión que presumiblemente proviene de Dios—, pero no escucho que los religiosos hablen mucho acerca de la guía que nos ofrecen los Seres Altamente Evolucionados.

De modo que es una idea sorprendente, y no resulta sencillo aceptarla sin la más mínima duda.

Sin embargo, también encontrarás este tema en nuestro diálogo previo, al que llamaste Libro 3.

¿En verdad? Ya lo olvidé.

Allí dije: "Cuando todos los de tu raza sean guiados hacia la maestría y la alcancen, entonces tu raza, como un todo —ya que tu raza es un todo—, transitará con facilidad por el tiempo y el espacio —al comprenderlos habrán dominado las leyes de la física— y buscarán ayudar a aquellos que pertenecen a otras razas y otras civilizaciones para que también alcancen esa maestría".

Y tú respondiste: "¿Incluso de la misma manera en que aquellos de otras razas y civilizaciones lo están haciendo con nosotros ahora?".

A lo que yo contesté: "Exacto. Precisamente".

Por lo tanto, no debería sorprenderte que esto surja en nuestro intercambio actual.

¿Sabes? Había olvidado por completo que dijiste eso antes.

Los mensajes que te he dado han sido consistentes a lo largo de los años. El que no ha sido consistente es tu recuerdo de ellos.

9

Seré el primero en aceptar que recordar todo lo que sé —y todos los mensajes que he recibido de todas las maravillosas fuentes de sabiduría en mi vida— no ha sido mi mejor cualidad, ni siquiera mi atributo más desarrollado. Soy como mi papá solía decir: "Tan viejo tan pronto, tan inteligente tan tarde".

Dicho lo anterior, quiero ofrecerte la energía que tenga para contribuir al esfuerzo global del despertar de nuestra especie. Así que estoy muy contento por haber sido motivado a participar en esta conversación.

Pero ¿sabes qué? Me gusta pensar que durante mi vida ya he añadido algo a este esfuerzo global. Mucha gente lo ha hecho, tan sólo por la manera en que interactúa con los demás. Así que quizá no necesite aceptar la Tercera Invitación. Quizá ya lo hice. Hace mucho.

Muchos de ustedes lo han hecho, sí; algunas de las cosas que una persona ha recibido, aceptado y actuado con base en esta invitación han sido así, pero la mayoría de ustedes no lo han hecho de manera intencional.

Lo han hecho con gentileza, generosidad y sinceridad, mas no con una intención específica. Y la intención lo es todo. Establece la firma energética de los eventos que seguirán.

Pueden conducir su auto y hacer todo lo que un buen conductor haría, pero si no han establecido su intención respecto a dónde se dirigen, no llegarán a ningún lado.

He tenido esa experiencia.

Pero ahora, si dices que a partir de hoy tu *intención* en todo lo que piensas, dices y haces es el despertar de tu especie —todo como parte de una expresión personal que te mueve hacia delante en tu propia experiencia evolutiva—, entonces verás un resultado de otro nivel.

De esto se trata la Tercera Invitación, y está abierta para todos, no sólo para ti. La conversación que ahora sostenemos es para todo aquel que se tope "de manera accidental" con ella en su camino. Tú sabes quién eres, porque estás aquí.

El despertar de los demás no sucederá por azar ni como un resultado bueno pero no enfocado de modo específico en algo, sino como el *efecto intencional* de la evolución personal de aquellos que aceptan por sí mismos la invitación extendida aquí. Una parte de cómo todos ustedes lo lograrán consiste en permitir que su crecimiento personal —y el esfuerzo para alcanzarlo— se exponga y se moldeé de manera pública.

Esto es algo mayúsculo. Es algo muy grande como para considerarlo siquiera.

Sin embargo, si accedes a hacerlo, habrás expandido el impacto evolutivo de tu jornada cotidiana y de tus decisiones de cada momento, desde el Pequeño Tú hasta el Gran Tú, desde el Tú Local hasta el Tú Universal, desde el Tú Singular hasta el Tú Colectivo. Permitir que su proceso evolutivo personal sea observado por otros puede convertirse en la manera en que avance el proceso evolutivo de toda la humanidad.

Y qué Momento Perfecto para Avanzar es ahora.

Pero ¿cómo es que alguien puede aspirar a esto sin sentirse tentado a volverse *grandioso?* No quisiera empezar a convencerme a mí mismo de que soy la esperanza de mi especie. Y en el camino tampoco quisiera hacer menos a nadie. ¿No corro el riesgo de colocarme a mí mismo, sin darme cuenta, en un estado mental artificialmente elevado, en el cual sólo puedo ser descrito como un "maniaco" o "demente", pensando que tengo esta misión ante mí y que soy uno de aquellos que la llevarán a cabo?

Aclaremos las cosas. Esto no se trata de andar por ahí declarando que eres el modelo de perfección y el ejemplo de excelencia evolutiva. Implica no esconder tus elecciones personales y presentarte ante el mundo tal cual eres, de manera genuina, tanto con tus luchas como con tus progresos, mientras buscas tu despertar total.

Si en verdad y humildemente te percatas de que tu proceso personal e interior no está enfocado en nadie más, y ciertamente no en "salvar al mundo", y que sólo procuras llevar tu evolución personal hacia delante de la mejor manera posible, y si compartes esto con cualquiera que pregunte sobre tu cambio de comportamiento —porque lo notarán—, no llegarás al lugar que describiste.

Y si verdadera, genuina y humildemente, aceptas aquello que has llamado tus imperfecciones —yo te veo como algo perfecto tal como eres, pero discutiremos eso después—, y te miras a ti mismo y te declaras como una persona cuya evolución está "en progreso" y en absoluto cerca de completarse, entonces también evitarás hallarte en ese lugar que describiste.

Si tienes claro el propósito de tu decisión de aceptar la invitación para ayudar al despertar de tu especie, no es para establecerte como algún tipo de líder sino para, simple y humildemente, compartir que eres tú quien fue conducido por una guía profunda proveniente de tu interior, y que ahora ves que existe otra manera de ser humano —una que busca con humildad ser más benéfico para ti mismo y para los demás—. Entonces jamás te engrandecerás.

Bueno, es verdad que tengo bastantes imperfecciones para no imaginar que soy algún tipo de "líder" espiritual. Cualquiera que me conozca te diría lo mismo.

Si tienes claridad al respecto, no hay nada de qué preocuparte.

Por otra parte, lo que no quiero hacer ni deseo que nadie haga, es sentirse tan mal acerca de sí mismo, *tan* "imperfecto", *tan* "no evolucionado", que no podamos vernos como seres merecedores de conciencia —y mucho menos aceptar que ya *estamos* despiertos—, sin mencionar ayudar al despertar de otros.

Si te permites a ti mismo ver eso que tú y los demás llaman imperfecciones como parte de lo que los hace perfectos —y de paso ver las "imperfecciones" de todos de igual manera—, crearás un equilibrio maravilloso que te servirá a ti y a todos aquellos cuya vida toques.

El equilibrio les permitirá a todos quienes acepten la Tercera Invitación amarse a sí mismos como son, incluso mientras, con humildad y sinceridad, buscan el crecimiento y la evolución cada día. También les permitirá darles a los demás permiso para hacer lo mismo.

Eres un ser bello, que crece y evoluciona. Como he dicho varias veces en nuestras conversaciones previas: si te vieras como Dios te ve, sonreirías mucho.

Cada vez que escucho eso siento un gran consuelo. Gracias por decírmelo de nuevo.

De nada.

Ahora me gustaría echar un buen vistazo a cómo sería la vida si fuéramos una especie despierta, y la manera en que los humanos podemos crear y experimentar la vida de una nueva manera en la Tierra.

Quiero volver a repasar lo que dijiste en nuestras conversaciones previas acerca de cómo viven los seres avanzados del espacio exterior.

Lo haré con gusto, aunque primero debes comprender que no estoy hablando de seres del "espacio exterior", como los definiste.

¿A qué te refieres con "como los definiste"? El espacio exterior es el *espacio exterior*. Es la parte del cosmos que existe más allá de los límites de este planeta. Es el resto del universo. Así es como yo lo defino. ¿Cómo lo defines *tú*?

Bueno, citaré a tu maestro metafísico William Shakespeare: "Hay más cosas en el Paraíso y la Tierra, Horacio, que aquéllas soñadas en tu filosofía".

¿Y qué significa?

Significa que hay más cosas en eso que tú llamas "espacio exterior" que lo que ha soñado tu cosmogonía.

Cuando te refieres a "seres del espacio exterior", lo haces a esa parte del universo *de la que estás consciente*. Sin embargo, el universo es mucho más grande y más interdimensional de lo que imaginas.

Entidades del aspecto limitado de Todo Lo Que Existe, que tú llamas "espacio exterior", se están manifestando en la actualidad como entidades físicas, tal como tú. Y, al igual que los humanos, no todos los "seres del espacio exterior" son pacíficos, tal como mencioné. Algunos lo son y otros no.

E incluso aquellos que *son* pacíficos en ocasiones se comportan de manera violenta, al igual que los humanos que se asumen a sí mismos como pacíficos, pero que a veces actúan con violencia.

Por decirlo con suavidad. Muchos humanos matan a otros humanos.

Exacto. Así que, cuando me refiero a seres que han elegido ayudarlos, y cuando describo la nueva forma en que la humanidad podría elegir vivir basada en la manera en que vive esta especie que ya cobró conciencia, me refiero a entidades que no provienen del ámbito celestial donde los seres se experimentan a sí mismos única o primordialmente de manera física.

Tienes toda mi atención.

Me refiero a formas de vida que existen en Otra Dimensión.

¿Una dimensión donde las entidades no son físicas?

Una dimensión donde no *necesitan* serlo. Una dimensión donde pueden, si así lo desean y si así lo eligen, adquirir aquello que tú llamarías una forma física, pero donde no es necesario hacerlo para que tengan la experiencia para la cual fue creada toda vida.

10

Esto me intriga, pero en verdad quiero revisar cómo se vería una humanidad despierta en términos de cómo crearía vida en la Tierra, si bien continuamos entrando a esas otras áreas...

Te invitaré a que confíes en que puede resultar beneficioso explorar estas áreas primero. Pueden ser herramientas que te ayuden a comprender de qué lugar "provienen" los Seres Altamente Evolucionados mientras ellos continúan creando una experiencia que tu especie en la Tierra podría elegir explorar a profundidad —y quizá incluso emular.

Bueno, eso pone esta digresión en un contexto diferente. De acuerdo, es justo. Entonces preguntaré: si las entidades a las que te refieres no *necesitan* adoptar un cuerpo físico, ¿por qué se molestarían en hacerlo? Dios sabe —perdonarás la expresión, pero Dios sabe— que *yo* nunca lo haría si no tuviera que hacerlo.

De hecho, lo harías y lo has hecho.

¿Crees que posees una forma física en este momento porque *debes*? Te aseguro que estás en una forma física porque así lo *decidiste*.

Por sí misma, esta información puede cambiar tu manera entera de ser.

¿Por qué razón en el mundo *elegiría* esto? Si pudiera librarme de todas las experiencias desagradables de estar en un cuerpo… ¿por qué no lo elegiría así?

Elegirías no hacerlo si le sirviera a tu propósito no hacerlo y si supieras que podrías estar libre de experiencias desagradables incluso mientras estás *en* un cuerpo.

¿Puedo hacerlo?

Sí, y eso es algo que se aclarará en la medida que esta conversación continúe. Por ahora, sólo ten en cuenta que esto es aquello que no sabes —que no recuerdas—, y ésa es la razón por la que no puedes imaginarte elegir estar en un cuerpo si no es necesario.

Y *no* "debes". Eliges estar en un estado físico sólo cuando le sirve a tu propósito. Y en este momento así es, o de lo contrario no estarías aquí. Esto es algo que todo Ser Altamente Evolucionado sabe y tú no.

El problema es que no sabes cuál *es* tu propósito —la gran mayoría de los seres humanos no lo recuerda—, y por lo tanto *parece* que te encuentras en estado físico en contra de tu voluntad.

Esto afecta tu experiencia entera como ser humano. No sólo piensas que estás en tu cuerpo en contra de tu voluntad, sino que las cosas que observas y confrontas mientras estás en tu cuerpo suceden en contra de tu voluntad. Esto afecta en gran medida la forma en que te tratas a ti mismo y la forma en que influyes en los demás.

Ayudar a los seres humanos a cambiar cómo son con ellos mismos y con los demás —lo cual cambiaría el futuro de la vida en la Tierra— es la razón por la que a todos ustedes se les ha extendido la Tercera Invitación.

Cuando hayan cobrado conciencia sabrán al fin cuál es su propósito —cuál es su razón de estar vivos, cuál es la razón de ser de toda la *vida*—. Entonces podrás decidir expresar y experimentar eso. Y esto ayudará e impulsará a otros a tu alrededor a trabajar en sí mismos de igual manera.

Si no pudieras comprender todo esto, no tendríamos esta conversación. Tampoco aquellos que la siguen ahora lo harían.

Es un punto que estableciste antes.

Un punto que establecí antes.

Aquellos que se han comprometido con su propio despertar integral y a ayudar a sus queridos compañeros de viaje en el planeta a hacer lo mismo ya se identificaron a sí mismos.

Ellos saben —tal como tú sabes y lo has dicho— que la humanidad está, de hecho, A Una Decisión de Distancia de cambiar su futuro hacia lo mejor para siempre, a través del proceso de cada persona que evoluciona hacia el siguiente nivel, al aceptar y demostrar Quiénes Son en Realidad.

¿Y es lo que están haciendo en este momento los Seres Altamente Evolucionados? Al ayudarnos a conseguir este despertar y al tomar una forma física para lograrlo, ¿ellos están expresando y experimentando Quiénes Son en Realidad? ¿Es eso lo que obtendré de todo esto?

Sí. Ésa es justo la razón por la que los seres a quienes me refiero elegirían adquirir una forma física.

Una diferencia entre tu especie y la suya es que ellos se mueven a placer hacia atrás y hacia delante entre estados físicos y metafísicos, mientras que la mayoría de ustedes imagina que lo hace de una forma que nada tiene que ver con su voluntad.

Por eso he permitido que te adentres en esto ahora. Cambiar el pensamiento de que te mueves entre lo físico y lo metafísico en contra de tu voluntad constituirá una gran parte de tu transformación personal.

Tú ahora describes el movimiento de lo físico a lo metafísico con el término "muerte", y en tu mente eso es lo peor que podría pasarte. Sin embargo, este evento es tan sólo un paso en tu proceso evolutivo actual.

De hecho, *tememos* el proceso por el cual continuamos evolucionando. Tememos a profundidad la separación del cuerpo —aquello que llamamos "muerte"— y, por lo tanto, buscamos evitarla a toda costa.

Literalmente a *toda costa*, incluyendo el abandono de tu conciencia o lo que "consideras como tal", así como de tu más profunda noción interna.

En este sentido, no reconoces que ya estás despierto. Te abandonas a Ti Mismo para "salvarte" a ti mismo.

Ésta es la ironía del comportamiento de todas las especies sensibles jóvenes. Y es la ironía suprema de su experiencia humana presente.

A pesar de esto, empiezas a comprender. Empiezas a despertar y te encuentras listo para aceptar la invitación de despertar a los demás. Pero no puedes hacerlo a menos que sepas a *qué* estás despertando.

Ése es el propósito de esta digresión: hacerte saber que despiertas a la conciencia de que estás en tu cuerpo presente en forma deliberada, no como una prueba y una tribulación, no como algo de lo que te urge escapar, sino como una manera de experimentar y demostrar aquello que sólo la vida física en la Tierra puede ofrecerte la más grande oportunidad de expresar.

Bueno, permíteme explicar por qué toda esta experiencia aquí, muy a menudo *sí* parece una prueba y una tribulación.

Si estoy entendiendo bien, los SAE de quienes hablas se mueven al instante entre el estado físico y el metafísico. Adquieren y pierden corporeidad en un parpadeo, a voluntad. Por otra parte, parece que los humanos requerimos atravesar por un periodo de materialidad —para algunos un periodo corto, quizá apenas un momento, mientras que para otros pueden ser muchos años—, pero el tiempo pasa.

Más aún, cada vez que los humanos se trasladan de lo metafísico a lo físico deben "empezar la vida de nuevo". Debemos corporeizarnos como bebés y aprender lo básico de estar una vez más en un cuerpo desde el principio.

No escucho que digas que éste es un requisito para los Seres Altamente Evolucionados de Otra Dimensión. Estás diciendo que ellos pueden cambiar de una forma de expresión a otra, de modo espontáneo, y moverse de lo "no físico" a lo "físico" como seres desarrollados a plenitud, no como seres al inicio del ciclo de una vida física.

¿Estoy en lo correcto? Si es así, de seguro que sería un gran beneficio. Nos hallamos en una enorme desventaja al necesitar "empezar desde el principio" cada vez que queremos "corporeizarnos" y tener que afrontar todas las dificultades y superar todos los retos durante años de cotidianidad.

De hecho, ustedes para nada están en desventaja. Están haciendo justo lo que quieren.

Sería útil que comprendieras que te materializas por una razón distinta a la de los SAE. Te materializas porque deseas la experiencia de crecer de un embrión, pasar por la infancia y la adolescencia y llegar a la adultez y la vejez. Y lo quieres más de una vez.

Has regresado al Ámbito de lo Físico una y otra vez para asumir la totalidad de esta experiencia, porque buscas comprenderla *entera*, a fondo y por completo, a modo de crear y experimentar quien eres desde todos los ángulos, a través de todas las lentes, en todas las circunstancias y situaciones.

A medida que te mueves a través de este proceso de autocreación, lo has sido todo durante tus vidas. La víctima y el villano, el fuerte y el débil, el oprimido y el opresor, el llamado "correcto" y el llamado "equivocado", el llamado "bueno" y el llamado "malo".

Creí que no habría tal cosa como "correcto" e "incorrecto". Pensé que ninguno de nosotros era "bueno" o "malo" a los ojos de Dios.

Tu pensamiento es preciso. Éstas son etiquetas que ustedes les han dado a ciertos comportamientos y no lo que Dios ha aplicado. Dios los ama y los adora y los acoge a través de todos sus procesos de "madurar", de "crecer", de realización personal.

Deseo que decidas quién eliges ser y cómo deseas experimentarlo, para que así alcances a saber Quién Eres en Realidad, no debido a que alguien te lo dijo o asignó u ordenó, sino al haber *creado* Tu Propio Ser en el camino, contando con todas las opciones, elecciones y posibilidades presentes.

Ahora conoces el poder y la gloria de ser Divino, a través de la *libertad* y la *voluntad* de ser Divino.

Ésta es la Divinidad *expresada* y no simplemente *otorgada*. Ésta es la Devoción *experimentada* —y tal ha sido mi propósito al crear la vida.

De esta manera, tú has sido el aquí y el allá de eso, el arriba y el debajo de eso, la izquierda y la derecha de eso, lo grande y lo pequeño de eso, lo rápido y lo lento de eso, lo superficial y lo profundo de eso, la luz y la oscuridad de eso, y sí, lo joven y lo viejo de eso.

Estás usando tu materialidad para conocer y experimentar todo esto —cada expresión concebible— al producir un Campo Contextual en el cual puedes elegir quién y cómo deseas ser.

Este Campo Contextual es la bendición más grande de tu vida en esta dimensión, porque en ausencia de Aquel Que No Eres, aquel Quien Eres no es.

Es decir, no es experimentable.

En la ausencia de la oscuridad, la luz no es. En la ausencia de lo pequeño, lo grande no es. En la ausencia de lo rápido, lo lento no es. Y en la ausencia de lo que tú has llamado "malo", aquello que has llamado "bueno" no es.

Por lo tanto, no juzgues ni condenes, pero sé una luz que se *adentra* en la oscuridad para que seas capaz de anunciar y afirmar, expresar y alcanzar, conocer y experimentar Quién Eres en Realidad —y que todos aquellos cuyas vidas tocas también puedan saber quiénes son *ellos* en realidad, gracias al poder del ejemplo.

¿No es esto lo que todos los maestros han hecho?

Ya me has dicho estas palabras varias veces. Sin embargo, en el contexto presente tienen mucho más sentido para mí que antes, me suenan más verdaderas. Pero ¿por qué esto no aplica también para los Seres Altamente Evolucionados?

Tal como señalé, los SAE no se materializan por esta razón. Ellos ya experimentaron su corporeidad a plenitud. Y la han llevado a término. Así que no necesitan "empezar de nuevo" en cada materialización, a menos que les sirva hacerlo mediante una materialización particular.

¿Qué significa eso?

Si un Ser Altamente Evolucionado adquiere una forma física en su dimensión, se debe a que desea recrear y volver a experimentar algo que no puede ser creado ni experimentado en estado metafísico. "Empezar de nuevo" desde un estado de corporeidad inicial es requerido rara vez para lograr esto.

Si un Ser Altamente Evolucionado adquiere una forma física, *no* en esta dimensión, es porque desea ofrecer asistencia a seres sensibles en el

Ámbito de lo Físico para el entendimiento, la expresión y la experiencia plena de ellos mismos y de Quiénes Son en Realidad. Los SAE pueden elegir "empezar de nuevo" en un ciclo de vida al materializarse.

Pero ¿por qué los SAE elegirían ofrecer ayuda a seres sensibles en una dimensión que no es la suya?

Para continuar expresando y satisfaciendo, conociendo y experimentando Quiénes *Son* en Realidad, en el siguiente nivel —y el siguiente y el siguiente y el siguiente—. Los SAE eligen experimentar y expresar su ser no como El Que Busca, sino como La Respuesta.

El universo entero, todo el cosmos en cada una de sus dimensiones, está lleno de seres sensibles, cada uno imbuido exactamente con el mismo deseo —el deseo de expresar y experimentar su Verdadera Naturaleza y su Verdadera Identidad.

En primer lugar esto involucra un proceso de moverse a través de y conocer cada aspecto de estar en un estado físico. Luego, moverse a través de y conocer cada aspecto del estado metafísico. Y después integrar ambos.

Y éste es el secreto por el cual los Seres Altamente Evolucionados concentran sus energías para compartirlo: la integración plena puede ocurrir en cualquier momento. El proceso se puede condensar. Una civilización completa puede empezar a vivir como una especie que ha despertado en el momento que lo desee.

11

¡De acuerdo! ¡Es el momento para aprender a hacer eso! Agradezco la oportunidad que se me ha dado de llegar a un punto en que mi mente al menos puede tener mayor claridad sobre cómo todo esto pudo suceder, pero ahora estoy listo para seguir adelante.

Si estamos siendo invitados a despertar a la especie, deseo saber *a qué*. ¿Cuál es la Manera de Ser y Estar en que podemos invitar a todos a cobrar conciencia?

¿Acaso sólo debemos asumir y adoptar los principios y las prácticas, las nociones y los comportamientos de una civilización del todo diferente y que vive en una dimensión distinta? ¿No podemos alcanzar una mejor vida como individuos y un mejor mañana como un colectivo global empleando los más altos valores de la humanidad?

Ciertamente pueden hacerlo. Pero sería útil y beneficioso para ustedes pensar en términos de energías diferentes, no de civilizaciones diferentes. Esta gran pregunta de qué es lo que hace que la vida funcione de manera maravillosa, con gozo y maestría, no es una cuestión de "costumbres locales", sino de verdades universales vinculadas con la energía fundamental de la vida.

Sólo hay una energía o esencia en el cosmos, y es a la que ustedes han llamado, en lenguaje humano, Amor.

Las ideas que los Seres Altamente Evolucionados han buscado mostrar a la humanidad son tan sólo pensamientos sobre cómo vivir y amar de una manera más beneficiosa para tu especie, y para darle a cada individuo la oportunidad de avanzar en su evolución personal con mayor rapidez.

Los SAE no aseveran que su manera de vivir sea la "correcta" para los humanos. Tan sólo les ofrecen la oportunidad de decidirlo por ustedes mismos. Ésta es la manera de ayudarlos, incluso mientras algunos ayudan a otros a despertar.

Así que puede ser bueno echarle un vistazo a estas ideas, observar si existen contrastes con los comportamientos humanos y decidir si eligen probar alguna nueva forma de vivir su humanidad.

Estoy de acuerdo. Y de antemano sé que habrá contrastes... Así que dime cuál es la mayor diferencia. Es decir, vayamos al grano.

La diferencia más significativa y asombrosa es que los Seres Altamente Evolucionados carecen de manera total, absoluta y completa de violencia de cualquier tipo.

No se involucran en violencia física ni verbal; no permiten que la violencia, ni siquiera en forma momentánea, ronde sus pensamientos.

No llaman a la violencia "autodefensa" ni la llaman "entretenimiento" ni, por supuesto, la llaman un "deporte".

Tan sólo no justifican ni apoyan infligir dolor físico o emocional —ni siquiera la más mínima incomodidad— a ninguna otra entidad.

¿Existe una fórmula que les haya permitido lograrlo? ¿Qué saben que nosotros no y que les ha abierto el camino para ser así?

Toda violencia ha desaparecido de su cultura porque toda ira ha desaparecido de su realidad.

¿Y esto se debe a que...?

Se debe a que viven seguros de que no tienen nada que perder al ser buenos, amables, solícitos, compasivos, desprendidos, generosos, abiertos y amorosos de manera incondicional en cada instante de cada momento de cada circunstancia o situación. Saben que no pueden perder su vida por ningún motivo ni de manera alguna, y que tampoco pueden perder nada que les sea valioso, pues nada posee el valor que tiene para ellos la vida misma, su existencia —la cual comprenden que les brinda la oportunidad de tener la única experiencia que ellos desean.

¿Y cuál es?

La experiencia de su Divinidad.

Entonces, ¿estos seres no pueden matarse? ¿Ni siquiera por una circunstancia externa que nada tenga que ver con infligirse violencia unos a otros? ¿Como un Agujero Negro —por citar un ejemplo— que se tragara el hogar de su civilización?

No existen circunstancias externas en el universo físico que los obligue a considerar que modificar su forma sea lo mismo que finalizar su vida o terminar con su existencia.

Entonces ellos no consideran que moverse de lo físico a lo no físico sea el final de algo.

Exactamente. Ellos saben que siempre existirán y que esto jamás cesará de ser, sin importar qué le suceda a su forma manifiesta.

Esto incluye a un "agujero negro" que se trague cualquier planeta donde ellos hayan decidido adquirir presencia física.

Y cuando no temes perder tu vida, jamás, ¿no tienes razón para ser violento? ¿Qué hay acerca de perder algo o ser incapaz de adquirir algo que deseas?

Los maestros de tu planeta ya les han dicho que querer saciar un deseo es la causa de todo sufrimiento. Y el sufrimiento es la causa de toda violencia. Elimina el sufrimiento y la violencia se va, se evapora, se disuelve, desaparece.

Si has cobrado una conciencia plena, si eres un Ser Altamente Evolucionado, ¿escapas de todo deseo?

Escapas de la incapacitación de los deseos. De la ruina de ser sometido por tus deseos. Cuando entiendes que tu vida nunca terminará, comprendes que tienes toda la eternidad para crear todo aquello que deseas experimentar y recrearlo si quieres vivir esa experiencia más de una vez.

Existe un dicho en el cosmos: la Vida Eterna trae consigo Paz Eterna.

Si, por otra parte, imaginas que cuentas con un tiempo *limitado* para experimentar lo que deseas, sacrificarás tu paz para alcanzarlo o te aferrarás a esto una vez que lo tengas.

Ésa es la historia de la humanidad en cincuenta palabras o menos, seguro. De modo que la vida para los SAE de Otra Dimensión se siente como una realidad eterna.

Es una realidad eterna. La vida es una experiencia eterna para *todos* los seres sensibles, aunque muy pocos seres sensibles que piensan en sí mismos y se expresan sobre todo como un cuerpo físico experimentan su eternidad como una realidad. Ellos experimentan su *corporeidad* como una realidad e imaginan que, cuando ese estado físico termine, su existencia también habrá finalizado.

A lo más que llegan es a pensar en la Vida Eterna como un concepto, teoría, doctrina o creencia; como algo que "podría ser", pero de lo que no están seguros.

Porque los seres que han cobrado conciencia plena de quienes he estado hablando existen y son en Otra Dimensión; tienen la *certeza* de que la vida es eterna.

De seguro la tienen, pero ¡es fácil para ellos! Lo están *experimentando* y no sólo pensando, rezando o esperando que así sea. Y ellos lo han *estado* experimentando desde... bueno, desde *siempre*.

También ustedes. La diferencia es que ellos lo saben y ustedes no. Ellos lo recuerdan.

¿Nosotros podemos recordarlo? ¿Cómo podríamos recordarlo todos *nosotros*?

¿Y qué crees que estás haciendo aquí?

12

La no violencia plantea un sorprendente contraste entre los Seres Altamente Evolucionados y los humanos, y entiendo que su conciencia acerca de la vida como una experiencia eterna ciertamente puede crear un contexto donde la violencia sea considerada innecesaria. Pero ¿hay alguna manera más "práctica" para reducir o al menos eliminar la violencia de la experiencia humana?

Durante varios milenos hemos intentado convencer a los miembros de nuestra especie de que sus vidas son eternas. Incluso aunque esta idea ya sea aceptada por muchos, no parece haber una reducción significativa de la violencia.

Existe una manera práctica de eliminar la violencia. Basta con alejarse de la actual creencia humana de la Separación.

Ah, sí, esto lo "entiendo" de inmediato. Y no necesito ayuda de los Seres Altamente Evolucionados de Otra Dimensión para lograrlo. Todo cuanto debo hacer es mirar a mi alrededor.

Me doy cuenta de que en este mismo instante la mayoría de la gente cree en Dios —y es por mucho la mayoría en nuestro planeta—, y que aún cree en una Teología de la Separación. Su forma de ver a Dios es que los humanos estamos "por acá" y Dios, "por allá".

Esto no importaría si las cosas se quedaran ahí, pero el problema de la Teología de la Separación es que produce una Cosmología de la Separación; es decir, una manera de mirar todo en la Vida asumiendo que todo está separado de todo.

Esto no sería tan grave si tan sólo fuera un punto de vista; el problema es que la Cosmología de la Separación produce una Psicología de la Separación; es decir, un punto de vista psicológico que dice que yo estoy "por acá" y todos los demás están "por allá".

Incluso podríamos vivir con esto si las cosas terminaran aquí. El problema es que la Psicología de la Separación produce la Sociología de la Separación; es decir, una manera de socializar con los demás que impulsa a todos en la sociedad humana a actuar como entidades separadas que buscan satisfacer sus necesidades separadas.

Ahora hemos ingresado a un terreno en verdad peligroso, porque la Sociología de la Separación produce de manera inevitable una Patología de la Separación —comportamientos patológicos autodestructivos, individuales y colectivos que ocasionan sufrimiento, conflicto, violencia y muerte por nuestra propia mano—, evidenciada a lo largo y ancho de nuestro planeta y de la historia de la humanidad.

Me parece que sólo cuando la Teología de la Separación sea reemplazada por la Teología de la Unidad nuestra patología sanará. La Teología de la Unidad reconocerá que hemos sido *diferenciados* de Dios, mas no *separados* de Dios, al igual que los dedos de la mano están diferenciados mas no separados, sino de hecho conectados a ésta, y a su vez la mano está conectada al resto del cuerpo —así como nosotros estamos diferenciados, mas no separados, y conectados al formar partes del cuerpo de Dios.

Lo dijiste a la perfección. Lo compartiste con una gran claridad.

Bueno, todo vino de ti, por supuesto. Y ahora estamos siendo impulsados, una vez más —tal como ha sucedido en cada uno de los intercambios anteriores de Conversaciones con Dios—, a comprender que toda la Vida es Una Cosa.

Sí. Esto es lo que los Seres Altamente Evolucionados de Otra Dimensión no sólo comprenden, sino experimentan.

Ellos no sólo saben que la vida es eterna; ellos saben que no existe separación en el universo —de *nada* con *nada*—. Esta conciencia es el pilar de su modo de vida; es el cimiento de su civilización.

Entonces, para nosotros éste es el primer paso para convertirnos en una especie consciente. Y ni siquiera hemos dado este paso, después de todos estos años —todos estos *milenios*— en nuestro planeta.

Es el paso más importante que podrían dar ahora. No se desanimen por no haberlo hecho; motívense para hacerlo.

Espero que así sea, porque me doy cuenta de que adoptar esta idea como una realidad funcional podría ser el inicio del fin de cómo están las cosas ahora en nuestro planeta. Sería el inicio de una nueva creación, de un nuevo mañana. Sería la Nueva Historia Cultural de la Humanidad.

Quisiera salir corriendo y decirle a todos: "La unidad no es una característica de la vida. La vida es una característica de la unidad".

Ése sería un mensaje muy poderoso para compartir. Y expresado de una manera poderosa.

Sí. Esto es lo que no hemos entendido acerca de nuestra existencia en la Tierra, la comprensión a partir de la cual todo podría cambiar.

La vida es la expresión de la unidad misma. Dios es la expresión de la Vida Misma. Dios y la Vida son uno. Nosotros somos parte de la Vida. No estamos fuera de ella ni podríamos estar fuera de ella. Por lo tanto, somos parte de Dios. Es un círculo. Y no puede romperse.

Tu comprensión al respecto es idéntica a la de los Seres Altamente Evolucionados de Otra Dimensión. Y no eres el único en la Tierra que lo tiene claro.

Todo lo que se necesita ahora es que aquellos con esta misma claridad se identifiquen a sí mismos y luego se comprometan a unirse en la tarea global de despertar a la especie.

Pero sin hacerlo de una manera grandiosa que vaya en contra de su propósito, pues nadie escucharía.

Es bueno que regreses a esto. De hecho, iría en contra del propósito si te asumes distinto a los demás, como alguien que formara parte de "Aquellos Que Saben" y decidieras que es tu trabajo decirle a los demás lo que no saben.

Tu misión sería decirles a los demás que ellos *sí* saben —y que simplemente no quieren *saber* que saben.

Es una manera de compartir gentil, un despertar gentil, no una sacudida tremenda que provoque que cualquiera desee volver a estar dormido.

De acuerdo. Entonces me doy cuenta de que este sencillo cambio no es sino una articulación de Esa Decisión de la que hablé antes. Traería deprisa un cambio en la manera de vivir en la Tierra. Eso me entusiasma. La posibilidad que surge de esto me emociona.

Sin embargo, aún intento pensar en más de una o dos formas en que nuestra experiencia cotidiana podría cambiar, como algo práctico, si transitáramos la vida cotidiana de la manera en que estos Seres Altamente Evolucionados nos han estado motivando a adoptar.

Puedo darte una lista.

Hazlo, por favor.

13

Tal vez quieras memorizar esto. O al menos ponerlo en algún lugar donde lo veas a menudo.

1. Una especie que ha cobrado conciencia ve la Unidad de Toda Vida y la integra a su forma de vivir. Los humanos que permanecen en un estado de falta de conciencia a menudo niegan o ignoran esto.
2. Una especie que ha cobrado conciencia siempre dice la verdad. Los humanos que permanecen en un estado de falta de conciencia a menudo se mienten a sí mismos y a los demás.
3. Una especie que ha cobrado conciencia dice una cosa y hará lo que dice. Los humanos que permanecen en un estado de falta de conciencia a menudo dicen una cosa y hacen otra.
4. Una especie que ha cobrado conciencia, una vez que ha atestiguado y asumido lo que implica, siempre hará aquello que funcione. Los humanos que permanecen en un estado de falta de conciencia a menudo harán lo opuesto.
5. Una especie que ha cobrado conciencia no acoge un principio en su civilización que se correlacione con los conceptos a los cuales los humanos se refieren como "justicia" y "castigo".
6. Una especie que ha cobrado conciencia no acoge un principio en su civilización que se correlacione con el concepto al cual los humanos se refieren como "insuficiencia".

7. Una especie que ha cobrado conciencia no acoge un principio en su civilización que se correlacione con el concepto al cual los humanos se refieren como "propiedad".
8. Una especie que ha cobrado conciencia comparte todo con todos, todo el tiempo. Los humanos que permanecen en un estado de falta de conciencia a menudo no lo hacen y sólo comparten con los demás en circunstancias limitadas.
9. Una especie que ha cobrado conciencia crea un balance entre la tecnología y la cosmología, entre las máquinas y la naturaleza. Los humanos que permanecen en un estado de falta de conciencia a menudo no lo hacen.
10. Una especie que ha cobrado conciencia nunca, bajo ninguna circunstancia, pondrá fin a la expresión física de otro ser sensible a menos que ese otro ser sensible se lo solicite de manera directa. Los humanos que permanecen en un estado de falta de conciencia a menudo matan a otros humanos sin que el otro humano lo haya solicitado.
11. Una especie que ha cobrado conciencia nunca hará nada que potencialmente dañe o lastime el ambiente físico que sostiene a los miembros de la especie en que se han materializado. Los humanos que permanecen en un estado de falta de conciencia a menudo lo hacen.
12. Una especie que ha cobrado conciencia nunca se envenena a sí misma. Los humanos que permanecen en un estado de falta de conciencia a menudo lo hacen.
13. Una especie que ha cobrado conciencia nunca compite. Los humanos que permanecen en un estado de falta de conciencia a menudo compiten unos con otros.
14. Una especie que ha cobrado conciencia no necesita cosa alguna. Los humanos que permanecen en un estado de falta de conciencia a menudo crean una experiencia basada en la necesidad.

15. Una especie que ha cobrado conciencia experimenta y expresa amor incondicional para todos. Los humanos que permanecen en un estado de falta de conciencia a menudo no pueden siquiera imaginar a una Deidad que haga esto y mucho menos lo imaginan para sí mismos.
16. Una especie que ha cobrado conciencia ha dominado el poder de lo metafísico. Los humanos que permanecen en un estado de falta de conciencia a menudo lo ignoran por completo.

Por supuesto, existen más diferencias, pero ésas son algunas de las características esenciales de una especie que ha cobrado conciencia y las diferencias más importantes entre esas especies y la humanidad en su estado presente de falta de conciencia.

¡Cielos! Parte de mí siente que esta lista es una acusación contra toda nuestra especie, contra todo nuestro modo de vida.

¿Acaso es una "acusación" cuando una niña de tres años observa que los adultos entienden cosas que ella no?

¡Celebra que sabes lo que sabes! Celebra que ves con claridad la diferencia entre tus comportamientos y los comportamientos que has decidido que son más beneficiosos.

Celebra el crecimiento que surge a partir de este entendimiento, al igual que celebras los primeros pasos de un niño.

Gracias por recordármelo. Continúas insistiendo en esto. En verdad somos una especie joven. Quizá deberíamos aterrizar ese punto en términos específicos, de modo que se torne real en la mente de las personas.

A muchas personas les gusta considerar a los humanos como altamente evolucionados. De hecho, la humanidad acaba de emerger de su *infancia* en este planeta. En su libro *Nuevo mundo, nueva mente* [*New World New Mind*], Robert Ornstein y Paul Ehrlich plantean esta perspectiva en un párrafo sorprendente:

> Supongamos que la historia de la Tierra se esquematiza en un calendario anual, con la noche del 1 de enero representando el origen de la Tierra y la medianoche del 31 de diciembre, el presente. Cada uno de los días del "año" terrestre representaría doce millones de años de historia real. En esa escala, la primera forma de vida, una simple bacteria, habría surgido en algún momento de febrero. Sin embargo, formas de vida más complejas aparecieron mucho más tarde; los primeros peces lo hicieron alrededor del 20 de noviembre. Los dinosaurios llegaron cerca del 10 de diciembre y desaparecieron en Navidad. Los primeros ancestros reconocibles como humanos no surgieron hasta *la tarde del 31 de diciembre*. El *Homo sapiens* —nuestra especie— habría surgido alrededor de las 11:45 p.m. … y todo lo que ha sucedido en la historia registrada habría ocurrido en el último minuto del año.

Eso pone las cosas en perspectiva de una manera hermosa. Y crea un contexto en el cual se puede entender por qué, en las sociedades humanas, la mayoría de las personas niega mucho de lo que ve. Incluso niega sus propios sentimientos y, con el tiempo, su propia verdad.

Pero lo que se ha dicho aquí y ahora, de manera repetida, respecto a qué tan temprano nos encontramos en nuestro desarrollo como especie me da una gran esperanza, como dije antes. Veo venir días maravillosos —tanto para nosotros en lo individual como para la humanidad en lo colectivo— en la medida que maduramos y desarrollamos nuestro potencial.

Ésa es la gran oportunidad que les espera. Está ahí, en el horizonte.

¡Sí, éste *es* El Momento Perfecto para Avanzar! Pero ¿tenemos que esperar —creo que ya conozco la respuesta, pero de todos modos preguntaré—, necesitamos esperar a que toda la raza humana, o la mayor parte de nuestra especie, despierte antes de que cualquiera podamos experimentar la vida como Seres Altamente Evolucionados? Porque esto podría implicar una larga, larga espera hasta que los humanos lleguemos a ese punto.

Estás en lo correcto. Ya conoces la respuesta. No sólo no necesitas esperar: no se *supone* que debas hacerlo.

La historia observa quién en la Tierra decidirá elegirse a sí mismo como un ser comprometido a modelar estos comportamientos y, a través de sus palabras y acciones, unirse al movimiento global para despertar a la especie.

¿Quién en la Tierra celebrará a plenitud su Naturaleza Verdadera y quien creará en colaboración, de manera gozosa, los días maravillosos que están por venir cuando éstos lleguen?

14

Me convenciste. Ahora veo la gran utilidad de esta información acerca de los Seres Altamente Evolucionados para ayudarnos en la labor de cobrar conciencia —o bien, como tú lo planteas, permitirnos a nosotros mismos saber que ya nos encontramos despiertos— y ayudar a despertar a la especie.

Quisiera salir a compartir muchos de estos principios —los cuales, como has señalado, no son "de otro mundo", sino tan sólo grandes nociones sobre cómo amar—. Primero quiero practicar cómo vivirlas y luego quiero compartirlas con los demás.

Y me encantaría si primero nos ofrecieras un breve comentario que explore algunos de los puntos en esa lista, para que sepa cómo "se vería" en términos reales, dado que pretendo vivirlos y compartirlos en la vida real.

Encantado de hacerlo. Comencemos desde el principio de la lista.

Punto 1. Una especie que ha cobrado conciencia ve la Unidad de Toda Vida y la integra a su forma de vivir. Los humanos que permanecen en un estado de falta de conciencia a menudo niegan o ignoran esto.

Los Seres Altamente Evolucionados nunca cuestionan que todas las cosas son Una Cosa, y todas las cosas son parte de esa Sola Cosa que hay.

Debido a que existen en otra dimensión, pueden observarlo de manera visual y no sólo en forma conceptual. Son capaces de ver la estructura submolecular de todas las cosas.

Ellos observan que sólo hay una energía en el universo —una Fuente o Fuerza— y que esta Fuente o Fuerza tan sólo mezcla todos los elementos fundacionales de los que está constituida, añadiendo y sustrayendo otros, y luego altera la frecuencia de la vibración de esos diversos elementos en combinación para generar expresiones alternativas de la Esencia Esencial.

A estas expresiones alternativas las he llamado Singularización de La Singularidad.

Es un gran nombre para éstas, porque justo eso son. Todas las cosas que existen son creadas a través de esta alquimia, la cual produce la "receta" para la sopa universal.

Los elementos son atraídos unos a otros mediante la elección consciente de cada elemento, integradas tal cual son por la energía combinada de la Esencia Esencial, para constituir lo que nosotros llamaremos tu alma.

Espera un momento. ¡¿La "conciencia" existe en un nivel elemental?!

Por supuesto. Lo que tú llamas el nivel elemental *es* la conciencia. Es la Conciencia en Acción.

Cada célula de tu cuerpo actúa con inteligencia. Ni siquiera puedes cortarte el meñique sin generar una avalancha celular hacia el sitio lastimado para que el daño se repare. *¿Crees que las células de tu cuerpo no saben lo que hacen y por qué lo hacen?*

Insisto, cada elemento del universo se encuentra imbuido de esta inteligencia fundamental.

¡Ay, Dios mío!

Precisamente.

¿Pueden hablar entre ellas? Bueno, es raro decir "hablar" en este contexto. Lo que pregunto es si las células del cuerpo pueden comunicarse de elemento a elemento.

Por supuesto que pueden. ¿Qué crees que es tu "pensamiento"?

¿Los "pensamientos" son células comunicándose entre ellas?

Eso es justo lo que son. ¿Sabes cómo funcionan las células cerebrales?

Sí, pero cuando hablas del cerebro estás hablando de neuronas y péptidos y somas y dendritas y todas esas cosas. Las células de todo nuestro cuerpo no son como las células de nuestro cerebro.

¿No lo son? ¿Quién te dijo eso?

Permíteme repetirlo: cada gramo de vida está imbuido de esta inteligencia fundacional. Grábatelo: *cada célula, cada partícula, cada elemento submolecular en el universo.*

¡Entonces debe haber una manera en que pueda provocar que las células de mi cuerpo hagan lo que yo les comunique que deseo! Por ejemplo, curarme de una enfermedad.

Si sugieres que la energía de tus pensamientos influye en las células de tu cuerpo, estás en lo correcto.

Recuerdo haber estudiado a Émile Coué, un psicólogo y farmacéutico francés que a principios del siglo xx estableció un proceso de psicoterapia basado en la autosugestión consciente y optimista. Como experimento, invitó a personas enfermas a que repitieran, al menos veinte veces al día —sobre todo durante la mañana y antes de irse a dormir— un mantra sencillo: *Tous le jours à tous points de vue je vais de mieux en mieux*. En español: *Cada día, de todas las maneras, mejoro más y más*.

¿Y cuáles fueron sus resultados?

¡Un notable porcentaje de sus pacientes mejoró!

Por supuesto.

¡Por todos los cielos! Entonces, ¿en verdad es posible obtener lo mejor de las células de tu cuerpo para elegir lo mismo casi todo el tiempo?

¡Ah! Ésta es la misma pregunta que se están formulando a ustedes mismos respecto al resto de la gente en el planeta.

¡Así es! Es *exactamente* la misma pregunta.

Y la respuesta es que sí es posible, a través de la *alineación*.

La elección de actuar en conjunto, al unísono y en armonía unos con otros es tomada por elementos de la vida en los que existe alineación en el propósito dentro del sector o área donde esos elementos existen.

Las células de tu cuerpo actuarán al unísono y en armonía entre ellas cuando exista alineación con el alma respecto a la dirección que cada momento de tu vida tomará, a nivel celular, con base en el propósito del alma en ese femtosegundo.

De acuerdo, tuve que buscar ese término. Un "femtosegundo" es una cuatrillonésima o milbillonésima parte de un segundo.

Exacto. Y tu alma es La Fuente de energía de la Esencia Esencial que reside en ti.

El alma es "Dios en nosotros".

En efecto, lo es. No sólo en pensamiento, no sólo en palabra, sino de hecho. El alma es la expresión, ahora individualizada, del "ser" que es Dios. Es Dios "siendo" manifiesto.

En nuestro caso en la Tierra, ¡el alma es Dios siendo un humano, y un humano es un alma siendo Dios!

¡Exacto! ¡Precisamente! ¡Absolutamente! ¡Afirmativamente! ¡Evidentemente! Lo dijiste a la perfección.

Vaya, esto en verdad nos está llevando más profundo en la metafísica de lo que jamás pensé, pero debo preguntar: ¿me estás diciendo que cada partícula submolecular de cada expresión de vida en el universo debe ser *convencida de hacer algo* para que lo haga? ¿Estás diciendo que la más minúscula de las partículas de energía tiene la conciencia para tomar *decisiones* mediante la evaluación de las *posibilidades* que se presentan a partir de las *alternativas* que surgen?

Hombre, esto es demasiado. Olvida al resto de la gente en el planeta. ¿¡Cómo puedo poner de acuerdo a todas *mis* partes para que hagan lo mismo!?

Ésta es la cuestión, ¿no es así?

Ésta es la gran cuestión de todos los tiempos.

Pero es más fácil de lo que piensas.

¡*Monsieur* Coué dice que es tan fácil *como* lo pienso!

Y ése es el gran secreto de la vida. Una vez que comprendes esto, te has trasladado a un lugar de maestría.

De acuerdo, entonces dime cómo funciona esto metafísicamente. Me han hablado miles de veces sobre el poder de nuestros pensamientos, pero ¿cómo sucede esto, qué es lo que lo hace funcionar en términos metafísicos?

Me has dicho, y lo sé, que tienes una mente insaciable, pero ¿en verdad quieres adentrarte en la alquimia del universo?

15

En realidad no había *planeado* esta conversación; apenas me estoy dando cuenta de a dónde se dirige. No quiero hacer a un lado por mucho tiempo el resto de nuestra exploración profunda de la lista que nos diste, pero esto resulta demasiado fascinante para mí como para pasarlo por alto. ¿No podemos abordarlo, aunque sea en forma breve?

De acuerdo entonces. Obviamente esto podría llenar un libro entero, pero aquí tienes Metafísica Elemental: Un Curso Breve sobre la Realidad Última.

Tal como señalamos ya en esta conversación, todos los elementos de la vida están imbuidos con lo que llamarías, en tu lenguaje, "inteligencia" —o Conciencia de Su Función Inherente.

Esta Conciencia llena cada elemento a su máxima capacidad. Es decir, cada elemento se encuentra imbuido de Inteligencia Divina, totalmente, por completo, de cabo a rabo. De hecho, no sería incorrecto decir que el elemento mismo ES esta inteligencia en forma de partícula.

Así que cada elemento de la vida, reducido a su mínima partícula submolecular, forma parte de la Mente de Dios.

Con tu sentido de la poesía, ésa sería la manera en que lo pondrías... y no tengo motivos para discutir contigo.

Ahora bien, los Elementos de la Esencia Esencial son atraídos unos a otros por un aspecto o característica que llamarías, en términos humanos, "función común".

Es decir que *todos están intentando hacer algo*. Y es la *misma cosa*. Todos están en acción, moviéndose por siempre, vibrando en forma continua, mas no sin un propósito.

Su propósito es simplemente SER. Se dan cuenta de que el movimiento es vida. Si el movimiento cesara alguna vez, no existiría esto que llamas vida.

Vida = Movimiento = Vida.

Sí.

Ahora, respecto a lo que cada *elemento* quiere ser, *eso carece de importancia*. El elemento individual no tiene preferencia. Tan sólo quiere existir. Su deseo es "ser".

Por lo tanto, esto que se llama "alineación" —y la unión subsecuente o acción unificada a la que te refieres— es creada por la influencia de la vibración de cualquier fuerza mayor que un elemento individual.

Así es en toda la naturaleza. Entre mayor sea la fuerza, mayor "atracción" tendrá sobre cada elemento menor dentro de su Área de Impacto. De modo que cada elemento dentro del Área de Impacto se alineará con la fuerza mayor que la atrae.

Nadie me había dicho esto antes de esta forma. ¿Por qué no se puede explicar de esta manera sencilla a cada niño?

Es posible. Y en las civilizaciones de los Seres Altamente Evolucionados se hace así. Esta conciencia es compartida con cada entidad emergente, cada una de las cuales es informada sobre la Unidad de la Vida y el Círculo de la Vida.

Así que si ustedes, que son seres creativos, desean que todos los elementos de la vida, hasta la última de las más diminutas partículas, se muevan en una dirección particular, deben procurar la alineación, utilizando la fuerza de la energía combinada, enfocada de una manera específica.

Y el *pensamiento* es esa fuerza.

Entonces, ¿qué crea ese enfoque? ¿Cómo provocamos que esa energía —es decir, *pensamiento*— se enfoque de una manera particular?

Deseo.

El deseo existe en el alma. Es el alma, definida en una palabra. El alma es la expresión local del deseo de Dios —el cual consiste en experimentarse a sí mismo.

El deseo es el generador de la intención. La intención es la generadora de pensamiento. El pensamiento es el generador de la acción. La acción es la generadora de los resultados.

Pero no todo pensamiento es creado por la intención que surge del deseo del alma. El pensamiento también puede, de alguna manera, tener una "mente propia". Eso significa que el impulso energético que produce un pensamiento puede surgir de los deseos del cuerpo.

Esto produce otro tipo de acción, el cual puede generar un resultado por completo diferente que aquel que el alma tenía en mente. El alma *pone* su resultado pretendido en tu mente, pero tu cuerpo hace que *pierdas la cabeza* por un momento.

Esto es lo que sucede cuando piensas que eres un cuerpo, a diferencia de saber que eres un alma.

Casi todos nosotros tan sólo anhelamos *tener* un alma o *creer* que la tenemos, pero no estamos seguros de esto. Pero sí *estamos* seguros de que tenemos un cuerpo, de modo que la mayoría de nosotros piensa que eso somos.

Una vez más lo describes en forma hermosa. Ésta es la manera de acomodar las piezas del rompecabezas.

Ahora bien, cada elemento de la Esencia Esencial —desde el alma individual hasta cada unidad energética individual del cuerpo (y del universo)— está imbuida de Deseo, el cual es una forma particular o expresión de energía, en proporción directa a su tamaño.

Los elementos más pequeños tienen el Deseo más pequeño. Los elementos mayores, que están creados por los elementos menores que son atraídos hacia ellos y que se han fusionado para producir a los más grandes, tienen un Deseo mayor.

La cantidad de Deseo que existe en cualquier elemento de la vida es directamente proporcional a su tamaño. Piensa en el Deseo como la chispa de arranque de la maquinaria de la Vida.

Así que, si aquello que llamamos "Dios" es todo lo que *es*, eso implicaría que el Deseo de Dios es el Deseo más grande de todos.

Correcto. Una vez más, muy revelador. Y el Deseo de Dios es que todo ser sensible —es decir, cada elemento de la vida que sea lo bastante grande y sofisticado o complejo para reflejar autoconciencia— tenga la habilidad de crear su propia realidad, usando el Libre Albedrío y la Decisión Consciente.

Ésta es una manera alquímica de decir que los Elementos Fundacionales de la Vida —las partículas individuales minúsculas de la Esencia Esencial— no tienen preferencia respecto a cómo se alinean las *combinaciones* de elementos.

Tu alma, que es una colección de tales partículas, posee una intención. Tu alma es la presencia local de la Intención Divina, la cual consiste en expresar Divinidad a cada momento, *tal como lo define cada ser sensible.*

Este ser tiene la libertad de crear lo que sea que elija, lo cual es Devoción en su más grandiosa demostración. Para ponerlo de otra forma: todos ustedes tienen Libre Albedrío.

Notarás que desde nuestra primera conversación he estado diciendo que Dios no tiene preferencias respecto a la manera en que vives tu vida. Mi único Deseo es que *tu* preferencia se fortalezca.

Por lo tanto, aquello que "importa" —es decir, aquello que provocas que se convierta de energía pura en materia sólida— se encuentra en tus manos, tanto en lo individual como en lo colectivo. Al elegir puedes escuchar a tu cuerpo, a tu mente o a tu alma.

Y esto fue Metafísica Elemental: un Curso Breve sobre la Realidad Última.

16

¡Caramba! Hay tantas implicaciones en todo esto, y podría hablar al respecto contigo sin parar, pero quisiera abordar algunos otros puntos de la lista, de modo que sepamos de lo que estamos hablando en la medida que buscamos despertar de nuestro largo sueño…

… y de tu más reciente experiencia de estar despierto sin saberlo o sin actuar en consecuencia…

Sí, y en la medida en que, por lo tanto, buscamos con humildad despertar a otros. Avancemos al punto 2, ¿te parece?

Sí. El punto 2 dice: Una especie que ha cobrado conciencia siempre dice la verdad. Los humanos que permanecen en un estado de falta de conciencia a menudo se mienten a sí mismos y a los demás.

Por ejemplo, tú tendrías dificultad para convencer a un Ser Altamente Evolucionado de que el constante flujo de sonidos e imágenes al que someten a los niños en su más temprana edad no tiene efecto alguno en sus ideas sobre la vida, y por lo tanto nada tiene que ver con la manera en que la siguiente generación construye su experiencia cotidiana.

Tú, por otra parte, *no puedes* admitir que la creciente violencia en su sociedad emerge, al menos en parte, de la continua arremetida de tales imágenes, porque si lo hicieras tendrías que actuar en consecuencia. Y piensas que no hay nada que *puedas* hacer al respecto, de modo que es mejor ignorarlo.

Sí, en múltiples ocasiones hemos hablado acerca de los programas de televisión, las películas, los juegos de video y los sitios de internet, e incluso sobre los juguetes infantiles que contienen —y estimulan a nuestros niños a usar a manera de "juego"— actos de violencia, violencia, *violencia* en cada rincón.

Y, sin embargo, se consideran a ustedes mismos —o, peor aún, se permiten ser— incapaces de hacer nada al respecto.

Algunos de nosotros hacemos lo mismo con el tabaco. O con una dieta constante de comida poco sana. O con la falta de ejercicio. O con los valores sociales que llevan nuestra experiencia humana hacia el conflicto constante.

Este asunto de mirar de frente los comportamientos autodestructivos sin hacer nada al respecto es la característica de los seres sensibles a quienes no les importa mucho su propio ser, o que no se comprenden lo suficiente a sí mismos, o que no *hacen* suficiente *por* ellos para evitar el daño que se infligen a sí mismos.

Se esperaría que un niño de cuatro años actuara de esta manera, pero no que lo hagan sus padres de cuarenta. Así por lo menos debemos madurar un poco para mirar la verdad y luego *enunciar* la verdad acerca de lo que vemos.

Ése sería un buen comienzo, sí.

Y los Seres Altamente Evolucionados nunca se esconden de la verdad; siempre la miran y la enuncian indefectiblemente.

Sí. Una especie que ha cobrado conciencia es incapaz de mentir, dada su intención combinada. Sus miembros han aprendido que engañarse y engañar a otros es, en absoluto, nada productivo, y que los aleja, más que acercarlos, de sus deseos comunes e intenciones.

Sería casi imposible para un Ser Altamente Evolucionado comunicar algo no verdadero en cualquier situación, pues su vibración individual se alteraría a tal grado que se evidenciaría que lo que esta entidad quería comunicar no estaba en sincronía con lo que sabía y entendía.

Como cuando nos sonrojamos —bueno, algunos de nosotros— al intentar mentir.

Algo *muy* parecido a eso, pero a una escala mayor. La entidad completa se sacudiría y vibraría a tal velocidad variable que la verdad, literalmente, sería expulsada de ella. Así que, para empezar, no tendría ningún sentido tratar de mentir.

Observa que, cuando los humanos comparten deseos e intenciones, no se mienten unos a otros. Mentir es el anuncio de que quieres algo distinto a la persona a quien le mientes. Tal vez esto te parezca obvio, pero no resulta tan obvio cómo eliminarlo.

El fin del engaño vendrá cuando llegue el fin de la separación. Cuando tu cultura y tu civilización decidan que en realidad sólo hay uno de ustedes, en una multiplicidad de formas, y por lo tanto sólo hay un deseo: entonces habrá una sola intención.

¿Y cuál será ese deseo?

Completar la expresión en cada momento de lo que cada entidad viva desea.

Que es…

Una vez más, como mencioné antes, la experiencia de sí misma como la única cosa que en realidad es. Divinidad. O, para usar la palabra en tu lenguaje que ya mencionamos: Amor. La energía que tú llamas "amor".

La unidad del universo es la expresión del Amor Divino de Dios hacia toda la vida, en todas sus formas.

17

Me encantaría escuchar tu comentario acerca del punto 3.

Punto 3. Una especie que ha cobrado conciencia dice una cosa y hará lo que dice. Los humanos que permanecen en un estado de falta de conciencia a menudo dicen una cosa y hacen otra.

Los seres humanos no siempre dicen lo que piensan. Para los Seres Altamente Evolucionados, no comunicar lo que tienen en mente —lo cual es diferente, por cierto, de mentir— sería considerado como un comportamiento sin beneficio alguno.

¿Qué ventaja tiene contener un pensamiento si no se expresa? Y, para los Seres Altamente Evolucionados, no actuar en consecuencia respecto a lo que se dicen unos a otros o a sí mismos es visto como algo sin beneficio.

¿Y qué sucede si el pensamiento que contengo no es muy amable?

¿Por qué contendrías un pensamiento no muy amable? No hagas eso. A veces tendrás un pensamiento que vague por tu mente, pero no debes mantenerlo ahí.

¿Y qué pasa si no lo puedo evitar?

¿Disculpa? ¿Crees que *no puedes evitar lo que piensas?* ¡Ya veo por qué tu especie está en problemas!

Sí, lo sé. Y *he* cambiado *mucho* de la manera en que pienso. Aun así, no todos los pensamientos que deambulan por mi cabeza merecen ser compartidos con otros.

Entonces no lo hagas. Sólo comparte los pensamientos a los que te aferres.

Por cierto, ¿sabes que cada pensamiento al que te aferras es una plegaria?

Eso es mucha presión.

De hecho, para los Seres Altamente Evolucionados no *hay* presión. Si experimentan algún pensamiento que se mueve por su mente y no desean manifestarlo, lo único que hacen es cambiar su parecer de inmediato.

Si tienen la más mínima idea negativa, aunque sea fugaz, no le dedican *un solo segundo más.*

Después de un tiempo de hacerlo, ya han entrenado su mente para jamás considerar por más de un nanosegundo ningún pensamiento que no deseen que cobre forma en su realidad. Tan sólo no se aferran a ellos. Los dejan ir de inmediato y se mueven hacia nuevos pensamientos más positivos.

Podrías llamarlo el Movimiento del Nuevo Pensamiento y unirte a grupos que decidan involucrarse en esta práctica.

Sí, ya me lo has dicho.

Y te lo diré de nuevo, no lo dudes, si es que tiene sentido en ese momento.

Así que mantén los pensamientos nuevos en movimiento en tu mente si son positivos. Luego, cuando el pensamiento que tengas sea positivo, sí, siéntete libre de compartirlo con cualquiera a quien le concierna o que creas que pueda tener una razón para estar interesado.

Y respecto a decir una cosa y hacer lo que dices, que tu palabra sea tu aval. Si crees que no puedes o no eres capaz de hacer lo que estás pensando o diciendo… *no lo digas.*

Por otra parte, si eras sincero cuando dijiste que harías algo, pero después te diste cuenta de que en realidad no podrías porque sucedió algo que intervino, entonces acércate a quienes les hayas dicho esa cosa y aclara con ellos la situación. Diles la verdad. Con humildad y gentileza, explica por qué no serás capaz de hacer lo que dijiste.

Di la verdad a todos acerca de todo. Ésa es la manera en que viven los Seres Altamente Evolucionados.

Me percato de que estos primeros puntos se relacionan con un nivel. Por ejemplo, el 4 se relaciona directamente con esto.

Sí. El punto 4 dice: Una especie que ha cobrado conciencia, una vez que ha atestiguado y asumido lo que implica, siempre hará aquello que funcione. Los humanos que permanecen en un estado de falta de conciencia a menudo harán lo opuesto.

Esto es muy similar a los puntos 1, 2, y 3, pero desde un ángulo distinto.

¿Me podrías dar más ejemplos acerca de cómo se relaciona el punto 4 con la vida cotidiana en la Tierra para que entienda mejor el efecto que ejerce en nosotros?

Por supuesto. Y debido a que estos primeros puntos se relacionan —y ya has señalado algo de esto—, lo sintetizaré aquí.

Si tu objetivo es vivir en paz, alegría y amor, *la violencia no funciona*. Esto *ya ha sido demostrado.*

Si tu objetivo es vivir una vida saludable y longeva, el acto de comer a diario carne muerta, fumar agentes que se sabe que son cancerígenos y beber con regularidad litros de líquidos que te aniquilan los nervios y te matan las neuronas, como el alcohol, *no funcionará.* Esto *ya ha sido demostrado.*

Si tu objetivo es criar a tus hijos libres de violencia e ira, el acto de colocarlos frente a descripciones vívidas de violencia e ira durante los años en que son más impresionables *no funcionará.* Esto *ya ha sido demostrado.*

Si tu objetivo es cuidar la Tierra y administrar sus recursos con sabiduría, el acto de comportarse como si esos recursos fueran ilimitados *no funcionará.* Esto *ya ha sido demostrado.*

Si tu objetivo es descubrir y cultivar una relación con una Deidad amorosa para que la religión marque una diferencia en los asuntos humanos, entonces las enseñanzas de un dios de la rectitud, el castigo y la retribución terrible *no funcionarán.* Esto *ya ha sido demostrado.*

¿Necesitas más ejemplos?

No, ya veo de qué se trata.

Me gusta cómo enlazas todo esto. Es decir, una cosa lleva de modo natural a la otra. Sería mucho más fácil para los humanos dejar de decir una cosa y hacer otra si se adhirieran a este principio. Y esto es debido a su tendencia a verlo todo y a todos como cosas separadas, sin unificar. Y también a su tendencia a no ver las cosas, sino a ignorarlas. Y, por último, a su tendencia a no decir la verdad a todos.

Entonces ellos *dejarían* su tendencia, descrita en el punto 3, de decir una cosa y hacer otra, y podrían implementar "aquello que sí funciona", tras haber visto y conocido toda la verdad.

Maravillosamente dicho. Excelente resumen. En verdad estás hilando todo esto.

Sí, gracias a la claridad con que lo has explicado. De modo que no necesito que el punto 4 se explique más. Entiendo que los SAE de Otra Dimensión ven y dicen lo que "es" y, debido a que no están escondiendo nada ni se ocultan de nada, tan sólo hacen lo que funciona para ir hacia delante en su propósito unificado e idéntico.

Los humanos harán lo mismo cuando la especie cobre conciencia plena. Esto incluso puede ser un escalón para lograrlo.

Me encanta escuchar eso. Me brinda esperanza —asumiendo que este despertar en verdad sucederá.

Puedes ser uno de aquellos que ayuden a que suceda. De esto se trata la Tercera Invitación. Y ahora la humanidad posee las herramientas con las cuales generar este despertar.

Y la Voluntad.

Ahora tienen una comunicación global casi instantánea, y una porción creciente de la población total se ha ido comprometiendo de manera voluntaria con este proceso.

Como lo afirmaste antes, están A Una Decisión de Distancia.

18

De acuerdo. Vayamos entonces a los puntos 5, 6, y 7. Todos éstos se relacionan con partes de la historia cultural humana y están profundamente insertos en nuestras sociedades en la Tierra entera.

De acuerdo. Recapitulemos.

El punto 5 dice: Una especie que ha cobrado conciencia no acoge un principio en su civilización que se correlacione con los conceptos a los cuales los humanos se refieren como "justicia" y "castigo".

El punto 6 dice: Una especie que ha cobrado conciencia no acoge un principio en su civilización que se correlacione con el concepto al cual los humanos se refieren como "insuficiencia".

El punto 7 dice: Una especie que ha cobrado conciencia no acoge un principio en su civilización que se correlacione con el concepto al cual los humanos se refieren como "propiedad".

Éstas son afirmaciones de gran alcance.

¿Cómo es que cualquier colectividad —incluso si es una congregación o agrupación de Seres Altamente Evolucionados de Otra Dimensión— vive sin algún código de conducta que regule su comportamiento? ¿Y cómo pueden vivir los miembros de esa colectividad sin experimentar jamás que haya algo que "no es suficiente", sobre todo si nunca han tenido algo que puedan llamar propio?

Echémosle un vistazo a la segunda parte de esta pregunta.

Siempre hay "suficiente" para todo lo que crees que necesitas para sobrevivir cuando sabes que no puedes *no* sobrevivir.

En otras palabras, cuando la supervivencia no es un tema, la idea de suficiencia e insuficiencia deja de ser relevante. El tema más importante para la experiencia de quien sea no es *si* sobrevivirá o no, sino cómo lo hará.

Tener una existencia garantizada para la eternidad tiene como resultado compartir por completo cuanto existe y a todos *quienes* existen, y la conservación mutua de cualquier elemento u objeto que pueda no tener fuentes de suministro interminables en una región, circunstancia o situación determinada en el Ámbito de lo Físico.

Como resultado, la insuficiencia no es relevante, pues aquello que en el entorno físico no tenga suministros infinitos es fácilmente dispensable o sustituible por la creación de un reemplazo igualmente útil y benéfico.

Es agradable que existan lugares en el universo donde nada de lo esencial jamás se termine, pero aquí, en la Tierra, no tenemos tanta suerte.

De hecho sí la tienen. No hay ningún elemento esencial que necesiten del cual vayan a carecer en su planeta.

¿En verdad? ¿Y algo tan simple como el agua? Tal como lo mencioné antes, en la actualidad un alto porcentaje de humanos carece de acceso al agua potable.

Ése no es un problema de falta de agua, sino de intención. No existe la suficiente gente entre ustedes a la que le importe que el agua potable llegue a todos los que no tienen acceso a ella. Si hubiera intención éste no sería un problema.

Estás en lo correcto, por supuesto. El Instituto de Recursos Mundiales [World Resources Institute] reporta en su sitio de internet que: "armados con la información correcta, los países que enfrentan graves problemáticas pueden implementar estrategias de manejo y conservación para asegurar el suministro de agua".

Por desgracia, un país en el último peldaño de la escala económica quizá no tenga esa capacidad. Así que dependería de las naciones más ricas ayudar a que esto se vuelva realidad.

Sí, es una simple cuestión de generosidad entre civilizaciones. Te aseguro que no habría motivo para que en la Tierra existiera un solo lugar donde la gente no tuviera acceso al agua potable y limpia —y lo que fuera necesaria para "que la vida funcione"— si a las personas de la Tierra les importara su prójimo lo suficiente.

Pero hay que recordar que, tal como señalaste antes, hablamos de una especie que permite que cada hora más de seiscientos cincuenta de sus propios hijos mueran de hambre.

Sí, somos una especie primitiva, eso es seguro. Nuestras acciones —o la falta de ellas— lo han demostrado.

Primitiva o no, la gente de la Tierra no debería morir debido a la falta de *alimento*, ¡por amor de Dios! De todas las cosas, ningún niño debería morir de hambre en un planeta donde podrías juntar las suficientes sobras de la cena de hoy de restaurantes de París, Los Ángeles y Tokio como para alimentar a un pueblo pequeño durante una semana.

Lo sé. El Departamento de Agricultura de Estados Unidos calcula que el desperdicio de comida en ese país es de entre treinta y cuarenta por ciento de lo que se produce. De acuerdo con las estadísticas oficiales, en 2010 se desperdició un estimado de sesenta millones de toneladas de comida proveniente de tiendas, restaurantes y hogares.

Estamos hablando de una situación que nunca jamás ocurriría en una civilización de Seres Altamente Evolucionados.

Y ésa es la respuesta a tu pregunta sobre si sería posible que los seres de Otras Dimensiones experimentaran la "insuficiencia". Siempre hay "suficiente" para una especie que comparte. Y si te preguntas cómo es que los SAE pueden coexistir sin un "código de conducta que regule su comportamiento", está claro que el grado en que vive una especie que ha cobrado conciencia se refleja en el grado en que se autorregula esa especie.

El "código de conducta" de los Seres Altamente Evolucionados de Otra Dimensión es elegantemente simple: no tengas un solo pensamiento acerca de nadie, no digas una sola palabra acerca de nadie y no hagas nada respecto a nadie que no quieras que alguien piense, diga o haga respecto a ti.

Mm… aquí vamos de nuevo. Parece que alguien en la Tierra dijo eso hace mucho tiempo.

De hecho, cada religión en tu planeta enseña alguna versión de lo que ustedes han llamado la Regla de Oro. La diferencia entre las culturas humanas y las civilizaciones de Seres Altamente Evolucionados es que los SAE sí aplican en sus vidas —y no sólo enuncian— la ley de la reciprocidad.

Sí, pero, ¿qué sucede en esas civilizaciones si es que alguien le hace algo a alguien más, algo que ese otro no habría querido que le hicieran? ¿Qué sucede cuando alguien comete —y estoy seguro de que me dirás que no existe tal palabra en su idioma, pero igual la utilizaré aquí— un "crimen"?

Estás en lo correcto: no existe el concepto de "crimen y castigo" en la cultura de los Seres Altamente Evolucionados de Otra Dimensión.

Nadie comete un "crimen", porque todos comprenden que son Uno Solo, y que ofender a otra entidad es ofenderse a Sí Mismo.

Así que no hay necesidad de lo que tú llamas "justicia". El concepto de "justicia" es más parecido a lo que ustedes llamarían Acción Correcta.

En la sociedad humana existe el crimen, por supuesto. Y la justicia no siempre se aplica cuando se comete un crimen. Pero la mayor parte de nuestra sociedad al menos se consuela al saber que habrá justicia en el más allá. ¡Juicio y castigo eterno!

Tendrás que decidirte. ¿Quieres un Dios que ame de manera incondicional o un Dios que juzgue, condene y castigue?

Ya sé, ya sé. Es muy confuso. Somos muy… complejos. No queremos tus juicios, pero los queremos. No queremos tus castigos, pero nos sentimos perdidos sin ellos. Y cuando dices, tal como has afirmado consistentemente en cada una de las conversaciones que hemos sostenido, "Nunca los castigaré", no podemos creerlo —y algunos de nosotros nos molestamos por eso—. Porque si no vas a juzgarnos ni castigarnos, ¿qué nos mantendrá andando por el camino recto? Y si no hay "justicia" en el cielo, ¿quién enmendará toda la injusticia que hay en la Tierra?

¿Por qué estás contando con el cielo para corregir aquello que llamas "injusticia"? ¿Acaso la lluvia refrescante y purificadora no cae de los cielos?

Sí.

Y te digo esto: la lluvia cae sobre justos e injustos por igual.

Pero ¿qué hay acerca de: "La venganza será mía", como dijo el Señor?

Nunca dije eso. Alguno de ustedes lo inventó y el resto se lo creyó.

La "justicia" no es algo que experimentes *después* de que actúas de cierta manera, sino *porque* actúas de cierta manera. La justicia es un *acto*, no un castigo *por* una acción.

Una especie que ha cobrado conciencia lo comprende.

Me doy cuenta de que el problema con nuestra sociedad es que buscamos "justicia" *después* de que ha ocurrido una "injusticia", en vez de "hacer justicia" en cada caso mediante las elecciones y acciones de cada ser humano, para empezar.

¡Duro y a la cabeza! ¡Le diste al clavo! La justicia es una acción, no una *reacción*.

Cuando todos en nuestra sociedad actúen con justicia, tal como lo hace toda entidad de una sociedad que ha cobrado conciencia, no necesitaremos el juicio ni el castigo como parte de las construcciones de nuestra civilización.

No los necesitarán.

Pero ¿es posible siquiera? ¿Habrá un tiempo en que todos actúen con justicia?

Lo habrá, cuando todos despierten.

¿Todos *despertarán?*

Lo están decidiendo ahora.

En este intercambio ha habido partes de una de nuestras conversaciones previas, con estas mismas palabras. Porciones de lo que se acaba de decir aquí son una transcripción fiel de intercambios anteriores. Me alegra que se repitan ahora, como si fueran un pasaje memorizado de la puesta en escena de una obra maravillosa o de un poema favorito.

Me uno a ti en este sentimiento de alegría.

Esta plática en verdad me brinda la oportunidad de sintetizar mucho de lo que me dijiste antes, y de combinarlo en un todo coherente.

Ésa era mi intención. Parte de la Tercera Invitación es acerca de la integración plena.

19

Bueno, eso deja en claro los conceptos de insuficiencia, justicia y castigo mencionados en los puntos 5 y 6. ¿Y qué hay del concepto de "propiedad" del punto 7? ¿Acaso no debemos poseer nada?

Puedes hacer lo que desees, pero en las civilizaciones de los Seres Altamente Evolucionados no existe la propiedad.

¿Por qué es tan malo tener algo que consideres propio? ¡Caray! ¿Todo lo que hacemos en este mundo está mal?

No hay tal cosa como Bueno y Malo. Tan sólo hay Aquello que Funciona y Aquello que no Funciona, según...

... ya sé, ya sé... "según lo que estés intentando hacer".

Sí. Me sigo repitiendo porque tú también lo haces. Regresas a conceptos humanos que no tienen sentido alguno para una especie que ha cobrado conciencia —como "bueno" y "malo".

Pero ¿qué resulta tan "poco funcional" de tener algo que consideremos "propio"? Parece que eso le funciona a la mayoría de la gente.

Querrás decir a la mayoría de la gente que es dueña de la mayoría de las cosas.

Incluso la mayoría que *no* posee casi todas las cosas *quiere* poseer más.

Por supuesto que quiere, pues mucha de la gente que posee la mayoría de las cosas las mantiene para sí misma. El sistema económico que han establecido garantiza que así sea. Claro que hay excepciones, pero son excepciones y no la norma.

Estoy seguro de que te das cuenta.

Al inicio de nuestra conversación tú mismo dijiste que ochenta y cinco de las personas más ricas del mundo poseen más riqueza que la mitad de la población del planeta: tres mil quinientos millones de personas.

Sí, y por supuesto que me doy cuenta. Pero a veces en este diálogo quiero hablar en la voz de "Todo Hombre", de James Thurber. La mayoría de la gente —poniendo a un lado estas inequidades— no querría deshacerse de la idea de ser dueña de algo o perder la posibilidad de ser dueña de algo, de *lo que sea*.

¿Cómo resuelven esto los miembros de una especie que ha cobrado conciencia?

Comprenden que, dado que todos son Uno, cada *cosa* que existe pertenece a *todos* quienes existen.

Pero ¿cómo funcionaría eso en términos prácticos? No todos en nuestro mundo pueden labrar la tierra, plantar las plantas y semillas y cosechar y ganar su sustento en cada granja de nuestro planeta.

No todos pueden entrar en la morada del otro como si fuera propia y pasar ahí el rato. Primero que nada, no habría un lugar lo bastante grande. E incluso si lo hubiera, ¿no podría haber algo de privacidad? ¿Todo debe ser compartido, incluyendo a esposos, esposas, hijos y toda posesión de cualquier tipo?

¿Cómo funcionaría algo así?

En la civilización de una especie que ha cobrado conciencia, la idea de "propiedad" es reemplazada por el concepto de "administración".

Las entidades acuerdan de manera conjunta quién debe administrar qué, quién se asociará con quién, quién criará a los pequeños y quién llevará a cabo cuáles funciones en el mundo físico.

Nadie "toma" nada ni a nadie que esté al cuidado de alguien más, a menos que exista un acuerdo con el administrador o entre los socios.

Aquellos que tienen hijos no los consideran como "suyos", y aquellos que se asocian con otros no asumen que son "dueños" de sus socios, y aquellos que aceptan la administración de cualquier cosa física —ya sea tierra o algún objeto específico— no se consideran sus "propietarios".

Tan sólo cuidan y aman a estas otras entidades u objetos.

Por ejemplo, nadie imagina que por ser administrador de una parcela particular en el planeta donde ha encarnado es "dueño" de los recursos minerales, el agua o lo que sea que se encuentre en esa determinada parcela, por debajo y hasta el centro del planeta.

Nadie piensa que es "dueño" del aire, del cielo o de lo que sea que esté arriba, tan alto como se pueda llegar en ese cielo, de una parcela particular.

Así que no hay discusiones respecto a "qué tan alto es arriba" y "qué tan abajo es debajo" ni a quién pertenecen los "derechos" de lo que sea que esté allá abajo.

Este tipo de discusiones carecen por completo de sentido y están totalmente fuera de lugar entre los seres que comprenden que son todos Uno, y que no hay entidad alguna o grupo de entidades que puedan ser "propietarias" de un pedazo de planeta —mucho menos de lo que se encuentra por encima o debajo de ese pedazo.

Entre los gobiernos y los individuos tenemos discusiones constantes acerca de los "derechos aéreos" y los "derechos de agua" y los "derechos de minerales" en nuestro planeta.

Sí, las tienen. Entonces, ¿dónde empieza y termina la "propiedad"?

Pero si la gente no poseyera *nada*, ¿cómo podría tener alguna ganancia de algo? Y si no tuviera ninguna ganancia, ¿cómo podría sobrevivir?

Los Seres Altamente Evolucionados han redefinido el concepto que capturas en tu lenguaje, "ganancia". No lo consideran "redituable" si se benefician a costa de otro. No lo consideran aceptable si ganan mientras que otro pierde. Y en especial no lo consideran honorable si su ganancia *provoca* que otro pierda. En su civilización nadie se beneficia a menos que todos lo hagan.

Parece ser una noción difícil de asumir para la mayoría de los humanos. Lo cual nos trae al punto 8 de la lista.

El punto 8 dice: Una especie que ha cobrado conciencia comparte todo con todos, todo el tiempo. Los humanos que permanecen en un estado de falta de conciencia a menudo no lo hacen y sólo comparten con los demás en circunstancias limitadas.

Para muchas personas de este planeta esto parece simplemente impráctico, no funcional.

Tonterías. Hacen que funcione todo el tiempo. Ustedes experimentan esto ahora mismo, aunque en su propia y limitada manera. En sus familias, por ejemplo.

Nunca considerarían caminar por la calle en medio de una tormenta, cubriéndose sólo a ustedes mismos con un paraguas y diciéndole a su compañero o a sus hijos: "Qué mal que tú no tienes paraguas también, pero así es esto".

Nunca pensarían comerse todo el pay de manzana sin compartirlo con su pareja o hijos, diciendo: "Qué mal que no hay suficiente para todos, pero seguro disfrutaré el mío".

Elijo ejemplos al azar, pero entiendes a la perfección el concepto de negarte a lucrar o beneficiarte si eres el único que lucra o se beneficia cuando se trata de que quienes amas o tu propia familia sean los que sufren por tu falta de generosidad.

La única diferencia entre tú y los Seres Altamente Evolucionados es que los SAE consideran que *todos* son su familia y seres amados.

La solución para muchos de los problemas de la Tierra es obvia.

Y entonces, ¿por qué no adoptamos esa solución? ¿Qué nos detiene como sociedad para ver esa "obviedad" y compartir todo con todos?

La razón por la que no se comportan de esta manera en la Tierra es que no creen que *haya suficiente* para todos, de modo que se aseguran de obtener *lo suyo*. La idea de escasez impide la idea de compartir de manera total y completa.

Pero ¡hay más que suficiente para todos! Al tener comida, agua, energía y casi todo lo que necesitamos para mantenernos vivos, enfrentamos un problema de distribución, no un problema de insuficiencia.

Eso es muy cierto. Pueden compartir con libertad y a manos llenas todos los dones, talentos, habilidades, conocimientos y la abundancia que les ha dado la vida, y observar cómo la vida les devuelve cuanto necesitan para sobrevivir.

Se sorprenderán con la idea —y cambiarán su sistema de valores gracias a esta noción— de que, de hecho, se requiere mucho menos de lo que pensaban para mantener intacto su cuerpo físico y, sobre todo, para mantener viva el alma, dado que seguir vivos es algo que siempre harán y no pueden *no* hacer. Es tan sólo una cuestión de la forma que tomará su existencia.

Ésta es, por supuesto, una pregunta que responden con cada opción, decisión y acción en toda su vida. ¿Qué forma debe tomar mi existencia?

De lo que tu planeta puede beneficiarse ahora mismo es de más humanos dispuestos a demostrar y modelar la nueva forma que la humanidad podría adquirir, creyendo en la Suficiencia y en Compartir, para de esta manera ayudar a despertar a la especie. Sin embargo, estos modelos deben ser seleccionados por ustedes mismos, pues nadie se los asignará ni otorgará.

De ahí la Tercera Invitación.

Pero, como dije antes, ¿cómo ganaríamos nuestro sustento si todos compartieran todo con todos y toda definición de "ganancia" tuviera que incluir un beneficio para todos?

La experiencia de vivir no es algo que uno tuviera que "ganarse". La vida es un don otorgado a todos ustedes, y no algo de lo que deban hacerse *merecedores* cada día de su existencia.

Un sistema podría trazarse con facilidad por parte de cualquier civilización que permitiera a la sociedad satisfacer a plenitud las necesidades individuales y grupales sin que los miembros de esa sociedad tuvieran que vender su alma ni abandonar sus sueños para lograr la supervivencia.

Entiendo lo que dices. Debe existir una forma de crear un sistema social donde todos contribuyan y se beneficien en forma equitativa, sin que nadie deba vivir en la pobreza extrema ni dejar a un lado su esperanza para hacer algo que en verdad ame en esta vida, para sobrevivir. Supongo que no será fácil crearlo hasta que nuestra sociedad entera cambie.

De hecho, toda nuestra sociedad *cambiará* cuando la mayoría se dé cuenta de lo sencillo que es para aquellos que han decidido llevar la batuta. Antes dije que el objetivo de la autonominación para ayudar a despertar a la especie no era declararse líder, sino, por el contrario, alguien que ha sido guiado por una certeza interior y profunda hacia otra manera de ser humano.

Recuerda siempre que un "líder" no es aquel que dice: "Síganme". Un líder es aquel que dice: "Yo voy primero".

No pueden cambiar de un día para otro la forma en que funcionan sus sociedades terrestres, aunque pueden demostrar y moldear de manera individual las cualidades fundacionales de una especie que ha cobrado conciencia. Pueden hacerlo de modo inmediato, al ponerse al frente de la fila.

20

Esto ha sido de gran ayuda. ¿Y sabes qué? Al revisar del punto 9 al 16 de nuestra lista, creo que entendí muy bien la mayoría del resto.

Entonces los resumiré rápidamente para mí. Veamos. Aquí están de nuevo:

9. Una especie que ha cobrado conciencia crea un balance entre la tecnología y la cosmología, entre las máquinas y la naturaleza. Los humanos que permanecen en un estado de falta de conciencia a menudo no lo hacen.
10. Una especie que ha cobrado conciencia nunca, bajo ninguna circunstancia, pondrá fin a la expresión física de otro ser sensible a menos que ese otro ser sensible se lo solicite de manera directa. Los humanos que permanecen en un estado de falta de conciencia a menudo matan a otros humanos sin que este otro humano lo haya solicitado.
11. Una especie que ha cobrado conciencia nunca hará nada que potencialmente dañe o lastime el ambiente físico que sostiene a los miembros de la especie en que se han materializado. Los humanos que permanecen en un estado de falta de conciencia a menudo lo hacen.

12. Una especie que ha cobrado conciencia nunca se envenena a sí misma. Los humanos que permanecen en un estado de falta de conciencia a menudo lo hacen.
13. Una especie que ha cobrado conciencia nunca compite. Los humanos que permanecen en un estado de falta de conciencia a menudo compiten unos con otros.
14. Una especie que ha cobrado conciencia no necesita cosa alguna. Los humanos que permanecen en un estado de falta de conciencia a menudo crean una experiencia basada en la necesidad.
15. Una especie que ha cobrado conciencia experimenta y expresa amor incondicional para todos. Los humanos que permanecen en un estado de falta de conciencia a menudo no pueden siquiera imaginar a una Deidad que haga esto y mucho menos lo imaginan para sí mismos.
16. Una especie que ha cobrado conciencia ha dominado el poder de lo metafísico. Los humanos que permanecen en un estado de falta de conciencia a menudo lo ignoran por completo.

Me queda claro que, si adoptamos los comportamientos de una especie que ha cobrado conciencia, deberemos revolucionar nuestra cosmología —nuestras filosofías, creencias y comprensión sobre el mundo y las decisiones acerca de quiénes somos— para emparejarla con nuestra tecnología —nuestro armamento, nuestros cultivos genéticamente modificados, nuestra clonación de mamíferos (y pronto de humanos), nuestra medicina que favorece la ampliación de la expectativa de vida y todo lo demás. Si no lo hacemos, tendremos que lidiar con dilemas éticos, morales y espirituales que nuestras antiguas creencias nos han dejado muy lejos de resolver.

Me queda claro que, si despertamos, frenaremos el daño que le causamos al medio ambiente a cada momento… dejaremos de envenenarnos con lo que comemos y bebemos y fumamos y respiramos y nos inyectamos y escuchamos y miramos… y abandonaremos nuestro interminable y a menudo sin sentido afán de competencia por todo —dinero, poder, fama, amor, atención, sexo, *todo*.

Me queda claro que, cuando vivamos como una especie que ha cobrado conciencia, transformaremos en preferencias lo que hemos imaginado que son nuestras necesidades, y entonces, en verdad —y por fin—, amaremos a todos de manera incondicional, incluso en la medida en que acojamos y aceptemos a Dios, quien hace lo mismo con nosotros.

Lo comprendes. No hay necesidad de que ahonde en ninguno de estos puntos.

Los únicos dos puntos que necesito mirar más de cerca son el 10 y el 16.

El punto 10 dice que una especie que ha cobrado conciencia nunca, bajo ninguna circunstancia, pondrá fin a la expresión física de otro ser sensible a menos que ese otro ser sensible se lo solicite de manera directa. Los humanos matan a otros humanos, cada minuto de cada día, en algún lugar en el planeta.

Esta última parte no puede negarse aunque, para ser justos, gran parte de esa matanza en la Tierra se ha hecho en defensa propia.

Todo ataque es llamado defensa entre las culturas primitivas. Sin embargo, incluso para eso que llamas "defensa", un SAE nunca terminaría con la expresión física de otro ser sensible sin que éste se lo solicitara.

¿No tenemos derecho a defendernos? ¡Vaya! Esa expectativa es tan alta que nadie en este planeta lo creería. Incluso nuestras religiones y leyes afirman que la defensa propia justifica matar. ¿Estás diciendo que no tenemos el derecho de protegernos si para hacerlo debemos matar a otro?

"Tienen el derecho" de hacer lo que deseen. Lo que se les ha invitado a recordar es que cada acto es un acto de autodefinición. Si desean definirse como una especie que mata a los de su propia clase para que algunos de ustedes sobrevivan, pueden hacerlo y nadie los detendrá.

Sin embargo, llegará el día en que elegirán detenerse al darse cuenta de que, en su frenesí por proteger a su especie, casi la habrán destruido.

Pero ¿eso significa que, cuando despertemos, permitiremos que cualquiera nos haga lo que sea, sin defendernos?

Cuando tu especie cobre conciencia no creará escenarios en los que sus miembros *deban* defenderse de su prójimo.

Cuando despierten, bajarán las armas —todos ustedes, al mismo tiempo— y evitarán para siempre cualquier forma y vía de destruirse los unos a los otros. Sus competencias por todo cesarán y encontrarán maneras para compartir cuanto haya, incluyendo los recursos del mundo y los sorprendentes milagros de la ciencia, la tecnología y la medicina que han creado.

Para una especie consciente esto parecerá algo obvio e incuestionable: lo apropiado.

No tendrán razón para defenderse, porque nadie volverá a tener motivo para atacarse física, emocional, financieramente ni de ninguna otra manera.

Pero ¿y si nos ataca algún renegado que aún no ha despertado? Ya sabes: esa persona entre mil o entre un millón que es mentalmente inestable.

Entonces tan sólo recostarán su cuerpo y, en paz, abandonarán el Ámbito de lo Físico, a sabiendas que la "muerte" no es el fin de nada —excepto de mayor violencia.

Justo como hizo Obi Wan Kenobi cuando fue amenazado cara a cara por Darth Vader, en una de esas películas de *La guerra de las galaxias*.

Sí, justo así. En más de una ocasión sus representaciones de ciencia ficción han colocado ante la humanidad ideas maravillosamente iluminadas. Por supuesto, ese personaje de la película hizo aquello porque sabía que no moriría; ese "villano" de ninguna manera era capaz de hacerle nada que terminara con su existencia.

Pero ¿qué sucedería si todos fuéramos atacados, al mismo tiempo, por entidades que no fueran de nuestra especie? Tú mismo has dicho que existen seres avanzados de otros planetas en el Ámbito de lo Físico que son violentos. ¿No deberíamos preocuparnos de que algún día vengan a la Tierra y nos destruyan?

No. A los seres sensibles de otras galaxias no se les permitirá destruir tu civilización. Los Seres Altamente Evolucionados que existen en Otra Dimensión lo impedirían.

¿Por qué? ¿Por qué intervendrían y lo evitarían?

Porque hacerlo sirve a su propósito de expresar y experimentar su Verdadera Identidad. Tienen entendimientos y objetivos diferentes a otros seres que de manera primordial se experimentan a sí mismos como entidades físicas que viven en una dimensión física.

Y, sin embargo, permiten que una civilización completa desmantele la vida tal como la conocemos en este planeta. Nos están permitiendo hacerlo en este momento.

Ése es un acto de la decisión consciente de una civilización, de su Albedrío Colectivo, no un acto que viole el Albedrío Consciente Colectivo de otra civilización u otro planeta.

Incluso en la Tierra ustedes marcan esta diferencia. Es la diferencia entre alguien que elige terminar con su propia vida por decisión propia o alguien que decide terminar la vida de otro en contra de su voluntad.

En una escala galáctica, lo primero sería compasivamente permitido por los SAE, mientras que lo segundo sería evitado.

Alguna vez dijiste que nadie muere en un momento ni de una manera que no sea de su propia elección.

Es correcto.

Dije eso en nuestra última conversación —un diálogo que tú convertiste en un libro titulado *En casa con Dios en una vida que nunca termina* [*Home with God in a Life That Never Ends*].

Comprendo que ésta es una de las revelaciones más difíciles y confrontadoras que te han sido dadas, aunque no por eso resulta menos verdadera.

Los misterios de la vida son imposibles de resolver en el contexto de las limitaciones de la mente humana y de la información incompleta que posee cualquiera de las especies emergentes.

Tan sólo puedo asegurarte que, en el nivel del alma, los eventos que refieres se experimentan en alineación con el propósito espiritual del alma misma.

Y aun así todo el tiempo en la Tierra hay personas asesinadas —las cuales mueren en contra de su voluntad— y, por lo que dices, también eso ocurre en otros planetas donde las entidades son igual de violentas.

El Albedrío Individual Superconsciente no puede ni será violentado al respecto. Por consiguiente, cuando eliges eso que llamas "morir" —lo cual haces a un nivel Superconsciente (es decir, el nivel del alma) y no a un nivel Consciente (es decir, el nivel de la Mente)— te moverás de lo físico a lo metafísico de manera voluntaria. Cuando no lo decidas así, no lo harás.

21

Opino que esto merece y requiere una mayor explicación, una exploración más de cerca. Sin embargo, no quisiera llegar al punto 16 y regresar a esto después, porque al parecer hay algo en verdad importante en ese último punto de la lista, y ambos puntos pueden relacionarse de alguna manera. El punto 16 afirma que una especie que ha cobrado conciencia ha dominado el poder de lo metafísico. Los humanos que permanecen en un estado de falta de conciencia a menudo lo ignoran por completo.

¿A qué nos referimos con esto?

Este punto se refiere a que el rango y la amplitud de la sabiduría universal y el poder metafísico creativo son subutilizados por la humanidad.

Te preguntaré de nuevo, como lo he hecho antes: ¿puedes darme un ejemplo?

Sí. Hace poco dijiste que un hombre llamado Émile Coué probó la efectividad de la autosugestión a principios del siglo XX.

Bueno, lo comprobó a *su* satisfacción.

¿No crees en sus resultados?

Bueno, creo en ellos, sí. Pero no todos estarían de acuerdo.

El asunto aquí es el siguiente: que, dado que tú mismo dices creer en este proceso, ¿lo usas? ¿Lo has utilizado como herramienta para lidiar con tus propios males?

Bueno, no de manera regular, no.

Espera. Debo ser sincero.

Eso sería bueno.

Jamás lo he usado. Creo que el poder energético de la mente puede afectar la firma energética de las células en el cuerpo —hemos hablado de esta posibilidad exacta—, pero no, jamás he usado el método de Coué para resolver ninguno de mis males o enfermedades físicas.

Caso cerrado.

Supongo que la sociedad humana no se encuentra lista, a gran escala, para lidiar con la metafísica ni con aquello que algunos han llamado alquimia, y tampoco para aplicar de manera rigurosa lo que muchos llaman el poder del pensamiento positivo.

Algunos individuos lo han hecho y algunos grupos espirituales —relativamente pequeños en proporción al total de la humanidad— lo han hecho, pero me doy cuenta de lo que dices. Como civilización no estamos cerca de dominar el poder de la metafísica.

No, la raza humana no. Pero es algo de lo que se están dando cada vez más cuenta, y paso a paso se mueven en esa dirección.

Sí. Hace algunos años salieron una película y un libro: *El secreto* [*The Secret*], los cuales hablaban del poder que reside en nosotros para crear nuestra propia realidad. Para ilustrar esto, la película mostraba a un hombre que encontraba el automóvil de sus sueños a la entrada de su casa, una mujer que de pronto se hallaba un collar de diamantes adornando su cuello e incluso un chico de nueve años feliz al descubrir una flamante bicicleta nueva en la puerta trasera de su casa.

Sin embargo, puedo ver que éstos son tan sólo pasitos de bebé. No puedo evitar especular: si "el secreto" era tan poderoso, ¿por qué no era usado para crear, por ejemplo, la paz mundial?

Esta idea ni siquiera se mencionaba en la película como una posible aplicación —y eso mostraba muy bien el lugar en que aquellos de nuestra especie tienen a la paz en relación con autos nuevos, collares de diamantes y bicicletas relucientes—. O al menos el lugar donde los productores de la película asumieron que tenemos nuestras prioridades.

Por supuesto, podrías crear la paz mundial usando metafísica básica.

Sí, mi maravilloso amigo John Hagelin ha viajado por el mundo señalando esto. El doctor Hagelin, quien es un experto renombrado en física cuántica, ciencia y políticas públicas, educador y autor, ofrece lo siguiente en uno de sus textos:

> La mayoría de las personas no sabe lo profundamente que su propia conciencia está conectada al destino colectivo del planeta —o cómo puede utilizar una poderosa tecnología de la conciencia, científicamente probada, para ayudar a *crear* la paz mundial en la Tierra, prácticamente de un día para otro.

Más de cincuenta proyectos demostrativos y veintitrés estudios publicados en revistas académicas, avaladas por expertos, han probado que este nuevo acercamiento a la paz mundial, basado en la conciencia, neutraliza las tensiones étnicas, políticas y religiosas en la sociedad, las cuales aumentan el crimen, la violencia, el terrorismo y la guerra.

El acercamiento se ha probado a escala local, estatal, nacional e internacional, y cada vez ha funcionado, dando como resultado la caída en los índices sociales negativos y el crecimiento de los positivos.

Grandes grupos de expertos en la creación de paz, al practicar juntos estas tecnologías de conciencia, se sumergen en las profundidades de su propio ser hasta el nivel más fundamental de la mente y la materia, aquello que la física llama el campo unificado.

A partir de ese nivel de vida crean un flujo de armonía y coherencia que puede alterar en forma permanente a la sociedad para mejor, como confirman las investigaciones. Y este acercamiento basado en la conciencia es holístico, fácil de implementar, no invasivo y de bajo costo.

(Visita www.PermanentPeace.org para mayor información.)

Así que la cuestión es qué se necesita para que usemos esta... ¿puedo llamarla "tecnología espiritual"?

¿Tú qué crees que se necesitaría?

Nada más que un despertar. Incluso una toma inicial de conciencia de todo esto estimularía este arranque a gran escala. Me impresionó uno de los videos que John Hagelin hizo al respecto y que termina con esta cita: "Hay mucha mayor evidencia de que la meditación grupal puede terminar con la guerra tan rápido como si se apagara un interruptor de luz que la que hay para aseverar que la aspirina reduce el dolor de cabeza".

Ahí lo tienes. Diles a todos que lo sabes. Y haz que ellos les digan a los demás que lo saben. La metafísica funciona. Es el eje del universo. Y los Seres Altamente Evolucionados lo saben.

22

De acuerdo, gracias. Eso completa la revisión de la lista y ha sido muy educativa. Considero, como he dicho, que nuestra exploración del punto 10 y algunas de las observaciones acerca de la muerte a partir de él merecen alguna explicación.

El punto 10, de nuevo: Una especie que ha cobrado conciencia nunca, bajo ninguna circunstancia, pondrá fin a la expresión física de otro ser sensible a menos que ese otro ser sensible se lo solicite de manera directa. Los humanos que permanecen en un estado de falta de conciencia a menudo matan a otros humanos sin que este otro humano lo haya solicitado.

Es un tema que no puedo dejar pasar a la ligera. Y ahora comprendo cómo, si usamos mejor el poder de la metafísica para lidiar con la enfermedad y otros problemas, esto podría relacionarse con mi muerte. Pero ¿acaso me decías que, si soy asesinado o muero en un accidente por culpa de un conductor imprudente o algo así, muero de esa forma porque así lo elegí?

¿Por qué un alma elegiría morir?

La respuesta puede ser tan variada como almas hay en el universo. Pero te aseguro que cada muerte tiene un propósito para cada alma en ese momento o de lo contrario no ocurriría.

¿Qué hay de los que nos quedamos atrás, sufriendo esa pérdida? ¿Tomaron eso en cuenta?

Por supuesto que lo hicieron. Han tomado *todo* en cuenta. Y hacen lo mejor que pueden para borrar el dolor de la pérdida, ayudándolos a comprender y *experimentar* que ellos no han muerto, sino que tan sólo han celebrado su Día de Continuación.

¿A qué te refieres con "experimentar"? ¿Podemos experimentar que siguen vivos?

Mucha gente sabe a qué me refiero cuando alguien cercano ha celebrado su Día de Continuación. Existe una vasta evidencia anecdótica que revela que, quienes han "pasado al otro lado", han encontrado vías para dejarles claro a los que los sobreviven que "siguen vivos".

¡Vaya! Este diálogo se está volviendo cada vez más "fuera de este mundo".

De hecho, se está volviendo cada vez más "dentro". Se está moviendo cada vez más hacia aquello que ya conoces, muy en tu interior, pero que acaso no has sabido asumir de lleno y abiertamente, dada la actual Narrativa Cultural de tu especie tan joven.

En resumen, supongo que no *importaría* si alienígenas de otros planetas nos atacaran. Si no elegimos "morir", no lo haremos y no *podremos*.

No. Crearán una manera y un medio para que eso sea imposible. Por ejemplo, que alguien o algo intervenga.

Ah, ya veo. Como la intervención de los SAE.

Por ejemplo. Y esta firma energética de lo que el alma elige, o lo que llamarías el Albedrío Superconsciente, funciona también en lo individual.

Si, como individuo, a un nivel Superconsciente, no has elegido abandonar tu forma física, no lo harás incluso en las circunstancias más amenazantes y peligrosas. Puedes "salvarte por un pelo" o tener una "recuperación milagrosa" o un "escape increíble", pero no morirás.

El Albedrío Colectivo Superconsciente —es decir, el deseo manifiesto de todos en la Colectividad— es la única influencia que afecta la encarnación o desencarnación de la Colectividad, y el Albedrío Individual Superconsciente es la única influencia que afecta la encarnación y desencarnación de los individuos. Así funciona la energía de la Vida.

El Albedrío Colectivo Superconsciente manifiesto no elige para la Colectividad la alienación masiva ni la destrucción como civilización.

Odio discutir contigo al respecto, pero grupos enteros de gente han muerto en este planeta y eso ha ocurrido más de una vez. ¿Estás diciendo que está *perfectamente bien* porque todos quisieron morir?

No estoy diciendo que "esté bien que haya sucedido" en la forma y el momento en que sucedió. La decisión de experimentar cualquier evento como algo que "está bien" o "no está bien" es elección de cada persona que es afectada de cualquier manera por cualquier evento. Nunca le diría a esta persona que su decisión es "buena" o "mala". Su elección es suya nada más, y no es mi papel juzgarla.

De hecho, no juzgas nada, ¿o sí?

No. Sé que, en términos humanos, existen muchas cosas que comprensiblemente serían definidas por los humanos como "no buenas" —y llamarlas de cualquier otro modo incluso podría considerarse poco sano y cruel en el contexto de una conducta humana normal y apropiada—. Es a través de esto como ustedes han establecido los valores fundamentales de su civilización —aunque no todos vivan bajo estos preceptos.

Mas no hago esas aseveraciones o evaluaciones, porque hacerlo implicaría privarlos de su libertad para crear una realidad propia.

Lo que digo es que ninguna experiencia de un ser humano de aquello que tu especie llama "muerte" puede suceder en violación al Albedrío Superconsciente de esa persona. Y ninguna civilización puede experimentar lo que tu especie llama destrucción total, en violación al Albedrío Colectivo Superconsciente de esa civilización.

Ya has señalado esto en forma repetida. Pero —de nuevo, no por seguir discutiendo— ¿acaso decir esto no les permite a aquellos que se desbocarían matando a otros —de manera individual o, Dios no lo quiera, en masa— llevar a cabo sus propósitos retorcidos?

No, les da consuelo a quienes verían a los demás victimizados en semejante situación. A quienes han sido dejados atrás les permite encontrar la paz de la curación, a sabiendas de que su ser amado está celebrando el Día de la Continuación —y de que lo ha hecho con plena conciencia de su elección e incluso con el entendimiento pleno y la compasión hacia quienes han colaborado en su partida.

Asimismo, incluso podría detener a alguien que no sienta culpa alguna de planear esta matanza y que después cobre conciencia de esta información, ya que podría robarle al perpetrador potencial la satisfacción de hacer lo que cree que dañará a otro, disolviendo mucha de la que podría haber sido su motivación.

Nunca habría pensado en eso.

Y además está lo siguiente: las personas que matan a otros, de manera individual o en grupo, no buscan ni necesitan permiso de algo o alguien fuera de sí mismos para hacerlo. Justifican sus acciones con base en algo por completo distinto a lo expresado aquí.

Sí, pero lo que leen aquí podría hacerlos sentir bien al respecto.

Ya se sienten bien al respecto, o no lo habrían hecho.

¿Sabes? Me doy cuenta de que lo expresado aquí podría no embonar con la comprensión general de muchos. Me refiero a que lo establecido aquí acaso no tendrá sentido para la mayoría de la gente.

Mientras cualquiera experimente la realidad en un escenario de víctima/villano no será así. Pero no hay víctimas ni villanos en el mundo, Tan sólo hay seres sensibles que evolucionan metafísica y físicamente, y que se ayudan unos a otros a evolucionar.

Es como he dicho antes: no les he enviado nada más que ángeles.

Si sintieras que acortarías de manera significativa el proceso evolutivo de toda una especie —es decir, de *miles de millones*— al permitirte a Ti Mismo abandonar tu cuerpo físico en determinado momento y de determinada manera, ¿lo harías?

No pienses en la respuesta a un nivel mental. Piensa en ésta al nivel del alma.

Cuando lo pienso al nivel del alma, me doy cuenta de que mi existencia no puede ser amenazada y que mi vida no puede terminar ni lo hará. Así que, con sólo cambiar la forma de mi existencia desde lo físico hasta lo metafísico —a sabiendas de manera específica que puedo revertir el cambio de nuevo, cuando yo lo desee—, con el conocimiento de que miles de millones avanzarían en su proceso evolutivo debido a esto, se convierte en una decisión muy sencilla.

Lo vería como lo que antes llamé un "Momento de Edificio en Llamas", cuando te apresuras a salvar al bebé y tu propia salvaguarda ni siquiera forma parte de tu proceso de pensamiento; no forma parte de la ecuación. Yo elegiría lo que fuera que brindara el mayor beneficio al mayor número de mis congéneres.

Por supuesto que lo harías, porque ése es Quien Eres.

Quiero reiterarte que el Amor es lo que son en realidad.

Y de hecho ésta es la razón por la cual perdonarías a la persona o grupo que pareciera ser la causa de tu muerte, ya que te darías cuenta de que, en un nivel consciente, ellos ni siquiera sabían lo que hacías.

Luego, cuando avanzaras hacia la conciencia plena en el Ámbito del Ser Puro —si es que no sucede antes—, abandonarías cualquier necesidad de perdonarlos, porque el perdón sería reemplazado por el entendimiento. Comprenderías por completo cómo un ser sensible podría hacer o haría algo así.

Me has dicho que ese entendimiento reemplaza el perdón en la mente del maestro.

Así es.

Todas esas cosas serían experimentadas por ti justo *porque* estás hecho de la energía a la que llamas Amor, personificada y magnificada en las elecciones de Libre Albedrío que tomas, las ideas que acoges y las expresiones de Ser que colocas en la creación permanente y simultánea dentro de la Realidad Última.

No debes esperar hasta encontrarte a ti mismo en el Ámbito del Ser Puro. Esta conciencia puede ser abrazada por ti en cualquier momento. La evolución se trata justamente de la expansión continua de tu conciencia.

23

En el libro *Cuando todo cambie, cambia todo* [*When Everything Changes, Change Everything*] se mencionaba el "Ámbito del Ser Puro". ¿A eso te has estado refiriendo aquí?

En efecto, así es.

Sí, ahora lo recuerdo. Se decía que el Ámbito del Ser Puro era uno de los tres aspectos del Reino de Dios. Los otros dos eran el Ámbito de lo Espiritual y el Ámbito de lo Físico.

¿No te he dicho que en mi reino existen muchas mansiones?

Sí, lo has hecho. Lo has dicho de manera explícita. ¿Y ahora estás diciendo que incluso la Tierra forma parte del Reino de los Cielos?

No "incluso" la Tierra, sino todo el Ámbito de lo Físico forma parte del reino.

Como mencioné antes, los Seres Altamente Evolucionados son capaces de moverse con facilidad y sin esfuerzo entre la corporeidad y la no corporeidad en su dimensión —y pasan tiempo en el Ámbito de lo Físico, que se encuentra en tu dimensión, cuando esto sirve a su propósito.

Como también mencioné ya, tú haces lo mismo y te mueves sin esfuerzo entre ámbitos. Sin embargo, cuando inviertes más allá de un periodo corto en un estado metafísico, denominas a tus movimientos como "vidas".

¿Los humanos podemos trasladarnos a un estado metafísico cuando *no* estamos entre una vida y otra?

Pueden hacerlo, y lo hacen. Lo hacen en algunos tipos de eso que ustedes llaman "sueños". Lo hacen en lo que han nombrado como "experiencias extracorporales". Lo hacen en aquello que ya hemos descrito como "encuentros cercanos a la muerte". Se sabe que algunos de ustedes lo han logrado con base en la meditación. Y algunos, a quienes ustedes han llamado maestros —tanto ahora como a través de los tiempos—, han encarnado, desencarnado y encarnado de nuevo durante lo que ustedes definen como una sola vida.

Así que, durante una jornada particular, durante una "vida" particular, pueden experimentar ser metafísicos. Sin embargo, para ustedes esto no es común ni una experiencia cotidiana.

Por eso continúas usando esa combinación específica de palabras para describir a los humanos: "seres que viven primariamente en el Ámbito de lo Físico".

Y a otras entidades, a quienes ustedes han llamado "seres del espacio exterior", y que existen en otros planetas en el Ámbito de lo Físico.

Gracias. Ahora entiendo tu uso del término con claridad. Entonces, hay una última cosa en este flujo de pensamientos. Varias veces en este diálogo has empleado otro término interesante: "Albedrío Superconsciente". ¿Puedes explicarme su uso?

Sí. Como lo compartí a detalle en aquella conversación que se convirtió en tu libro *Amistad con Dios [Friendship with God]*, todos los seres sensibles experimentan la conciencia en cuatro niveles: el Subconsciente, el Consciente, el Superconsciente y el Supraconsciente.

Las energías de la creación son emitidas por cada entidad desde uno de estos cuatro niveles.

Dado que la tuya es una especie muy joven, muchos seres humanos actúan sin la conciencia plena de cómo hacen lo que hacen. Producen sus creaciones —y, por lo tanto, su experiencia— desde un nivel particular de conciencia desde el cual ven la vida y toman decisiones, pero acaso no lo hagan con una conciencia plena ni con la intención absoluta respecto al nivel desde el cual operan.

En verdad me ayudaría tener una ilustración de esto, porque me perdí.

De acuerdo, aquí hay algunos ejemplos clásicos:

Uno que ofrecí con anterioridad es el de una persona que se cura una herida. Esta persona está creando desde el nivel Subconsciente —por ejemplo, manda células blancas al lugar de la pequeña cortada— y de seguro ha llegado a este nivel de conciencia sin siquiera pensar en esto. Puede darse cuenta o no de que lo hace o la manera en que lo crea.

Una persona que se apresura para llegar al aeropuerto está creando desde el nivel Consciente, y de seguro ha llegado a este nivel de conciencia *porque* está pensando en esto. Se da cuenta a cabalidad de lo que hace y de la manera en que lo crea.

Una persona que empuja a otra para desviarla del camino de un autobús y que al hacerlo arriesga su vida está creando desde el nivel Superconsciente y ha llegado a este nivel *después* de pensarlo, si bien reunió la información con tal velocidad que *parecería* que *no* lo pensó.

Esta persona se da cuenta a cabalidad de lo que ha hecho y de la manera en que lo ha creado.

Una persona que elige despertarse a sí misma y a su especie, convirtiéndose así en una demostración y modelo de su Identidad Verdadera, crea desde el nivel Supraconsciente y ha llegado a este nivel de conciencia de manera intencional, al darse cuenta a cabalidad de lo que hace y de la manera en que lo crea.

Los seres sensibles demuestran una conciencia plena, absoluta y completa de Quiénes Son y Cómo Funciona la Vida cuando eligen en forma deliberada e intencional, *adelantándose al tiempo*, un particular Estado de Conciencia desde el cual expresar y experimentar cualquier pensamiento, palabra o acción.

Los seres sensibles demuestran un nivel más bajo de Conciencia cuando expresan y experimentan un pensamiento, palabra o acción desde un Estado de Conciencia que no han elegido en forma deliberada e intencional.

Muchos seres sensibles vacilan entre los niveles de conciencia, y por eso alteran de modo significativo la calidad y la efectividad de sus pensamientos, palabras y acciones a lo largo de los momentos de su vida.

Los maestros son seres que no vacilan entre los niveles de Conciencia, pero que eligen de manera consistente, con deliberación y una clara intención el Estado de Conciencia desde el cual desean que emerjan sus pensamientos, palabras y acciones.

No podrías haberlo explicado mejor. Lo entendí a la perfección.

Excelente.

Lo que *no* comprendo es cómo alcanzar el nivel de maestría, cómo detener la eterna vacilación de mi conciencia.

Para eso acudiste a mí.

¿Puedes enseñarme cómo?

Puedo y lo he estado haciendo todo este tiempo. Quizá no hayas puesto suficiente atención. Ahora lo haces. Estás despertando al hecho de que ya estás despierto. Y esto no es poca cosa. Es el principio del comienzo, por decirlo de alguna manera.

Ahora observa cómo se expande tu conciencia en los próximos días. Sentirás esta expansión incluso mientras continúas experimentando y recordando este diálogo.

Ahora entiendo por qué los Seres Altamente Evolucionados de Otra Dimensión no permitirán que seamos destruidos por cualquier ataque de otros seres del Ámbito de los Físico. Los SAE siempre actúan de acuerdo con el Albedrío Colectivo Superconsciente de las civilizaciones, cuyos miembros se experimentan a sí mismos como seres primariamente físicos.

Es correcto. Ahora lo entiendes.

Entonces, en la Tierra estamos protegidos de la violencia de especies interestelares.

Están a salvo de todas, excepto de una.

¡Ay! ¿De cuál?

De los terrícolas. Aún no se encuentran a salvo de ustedes mismos.

24

Eso fue lindo. Eso fue muy lindo.

No estaba siendo lindo. Estaba siendo preciso.

¿Y acaso el Albedrío Colectivo Superconsciente de la humanidad no es algo que no se destruirá?

Así es.

Y entonces, ¿cómo es posible que la humanidad sea una amenaza para sí misma?

La humanidad no puede ni será amenazada como una Colectividad. Siempre existirá, porque ésa es la voluntad del Albedrío Colectivo Superconsciente de la humanidad. La cuestión no es *si* el Colectivo llamado "humanidad" existirá, sino *cómo* lo hará. ¿Cuál será la calidad de vida de los seres humanos? Están decidiendo eso ahora —ahora mismo— en su planeta. Mucho dependerá de si la mayoría de ustedes despierta.

Aquellos que se identifiquen a sí mismos al aceptar la Tercera Invitación pueden jugar y jugarán un papel prioritario en el resultado que se produzca en el planeta.

Todo lo que acabas de decir abre muchísimas áreas para más discusiones. No sé con exactitud cómo continuar —y en realidad no quiero adelantarme en este diálogo—. Quiero que sea *relevante*.

No puedes "adelantarte demasiado" ni ser "irrelevante", sin importar lo que preguntes. Todos los temas son el mismo visto desde distintos ángulos.

El tema es…

VIDA:
Qué es verdad acerca de ella
y cómo puedes vivir
esa verdad.

De acuerdo. Entonces me dejaré llevar. Porque esto se relaciona conmigo, ya que estoy viviendo mi vida humana, y con todos aquellos que nos hemos hallado a nosotros mismos siguiendo esta conversación, y quienes hemos decidido elegirnos para hacer lo que debe hacerse a fin de promover el despertar de la especie.

Bien.

Describiste cómo los Seres Altamente Evolucionados de Otra Dimensión se mueven a placer de lo físico a lo metafísico y de regreso. Luego dijiste que nosotros hacemos lo mismo.

Es correcto.

Bueno, pues no muchos humanos experimentan hacer lo mismo. Nacemos —o, como tú dices, "encarnamos"— cuando lo hacemos. No experimentamos ningún control al respecto. Y morimos cuando morimos. Tampoco tenemos el control sobre eso.

Eso sería *incorrecto.*

De acuerdo, es verdad que algunas personas mueren por su propia mano, de modo que ejercieron el control cuando murieron, pero ciertamente no tenían control cuando nacieron.

Mientras pienses en ti como un cuerpo, seguirás imaginado que lo que llamas tu "nacimiento" y tu "muerte" es algo verdadero.

De hecho, antes me dijiste que no soy un cuerpo. Mencionaste que *tengo* un cuerpo, pero que Quien Yo Soy no es un cuerpo.

Me alegra que recuerdes esto. Es la pieza de información más importante que podrías recibir acerca de tu Ser y que siempre podrías compartir con quien sea.

Cada entidad de Otra Dimensión piensa en sí misma como la emanación de la Esencia Esencial. O, para usar las palabras que hemos empleado hasta ahora en este diálogo, y una con la que acaso te relaciones mejor, como un alma.

Puedes ver que no te "estás adelantando" al explorar esto. De hecho, resulta central para la discusión más profunda sobre cómo sería para los humanos modelar su vida a partir de la de los Seres Altamente Evolucionados.

Así que usa lo que estamos analizando para crear un contexto mayor para lo que ya ha sido compartido aquí respecto a las posibilidades del futuro humano.

Perfecto. De acuerdo. Veo la conexión. Deseas que entienda que, porque se saben a sí mismos como lo que nosotros llamamos "almas", los Seres Altamente Evolucionados de Otra Dimensión experimentan que pueden corporeizarse a placer, que nunca morirán, que su propósito y único deseo es expresar y experimentar la Divinidad, que no hay nada que necesiten, nada que posean, nada que administren que no compartirían, nada que no harían por aquellos que aman —y nadie a quien no amen.

Qué maravilloso resumen. En verdad le has dado sentido a todo esto. Bien por ti.

Y bien por aquellos que se denominarían a sí mismos como ayudantes para elegir hacer lo que sea para ayudarse a sí mismos y a otros en el proceso de despertar.

Sí.

Y sé que, mientras más comprenda acerca de ser un alma con un cuerpo y no un cuerpo con un alma, podré vivir más la vida que todos los seres sensibles hemos sido invitados a vivir, al saber y acoger nuestra Verdadera Identidad.

Ahora todo está listo para explorar la lista de diferencias entre una especie que ha cobrado conciencia y acepta por completo su Identidad Verdadera, y los humanos. Pero veo cómo se le podría dificultar a la gente aceptar mucho de lo que aquí se ha explorado —y, por cierto, esto es muy importante si otros y yo queremos despertar a la especie—, si no se ofrece mayor información sobre los SAE, como los hemos estado llamando: quiénes son y cómo nos están ayudando.

Has dicho que a veces adquieren una forma física fuera de su propia dimensión para ayudar a especies a lo largo y ancho del Ámbito de lo Físico.

Es correcto.

Así que, cuando los Seres Altamente Evolucionados adquieren forma física en otra dimensión que no sea la suya —si es que lo hacen—, ¿cómo evitan ser percibidos?

A veces son percibidos —y quieren serlo—. Pueden adquirir una forma normal para ellos en su propia dimensión, pero anormal en el ambiente que visitan, y por lo tanto *permitirse* ser percibidos. Harían esto si su intención fuera permitir que aquellos que viven fuera de su dimensión supieran que *a)* existen, *b)* están presentes y *c)* no harán ningún daño y sólo han venido a ayudar.

Si un Ser Altamente Evolucionado siente que ser observado en su propia forma física conmocionaría o confundiría y provocaría defensas innecesarias, y por lo tanto se pondría en contra de las razones que lo hicieron moverse de lo metafísico a lo físico hacia una locación fuera de su dimensión —cuando la razón es ayudar y no asustar—, entonces tomaría la forma de los seres a quienes intenta ayudar, y lo haría de tal manera que le permitiera entremezclarse con otra civilización sin que su presencia fuera disruptiva, molesta, alarmante, llamativa ni provocara consternación alguna.

¿Cómo lograría eso?

Encarnaría en el momento más temprano posible en el ciclo de la vida de los seres a quienes busca ayudar, moviéndose a través de los mismos pasajes de desarrollo de cada entidad en esa civilización.

¡Ah, ya entiendo! De esta manera los SAE no se "presentarían" en forma repentina en algún lado, obligados a explicar su presencia en cada esquina a cada nativo de la civilización local.

Exacto. Al tomar la forma de un recién nacido o de un nativo emergente del planeta anfitrión se crea una historia completa y una identidad para la presencia del SAE entre la población local. Así no hay una disrupción generada por su llegada al entorno de esta civilización.

Y existe una segunda razón, no menos importante, para emerger en una civilización en el preciso inicio del ciclo de vida de las entidades nativas. El SAE se asegura de entender, en forma concienzuda y a través de la experiencia, la historia local y los hábitos, las creencias y los comportamientos.

Entonces, para lo que a este entorno anfitrión concierne, el SAE es tan sólo "uno más de la pandilla". No "sobresale" por ninguna diferencia física; no "asusta a los locales".

Es correcto.

De acuerdo, así que aquí viene la Gran Pregunta: ¿acaso afirmas que un miembro de esta especie que ha cobrado conciencia, si es que pretende ayudarnos, puede tomar una forma humana?

En efecto. Los Seres Altamente Evolucionados tienen la habilidad de hacerlo.

¿Y lo *han* hecho? Dímelo tal cual. *¿Lo han hecho?*

Sí. En raras ocasiones, sí.

Así que es *verdad* que existen —para citar una frase popular— "alienígenas entre nosotros". No sólo alienígenas en el universo, sino alienígenas entre *nosotros*.

No de la manera en la que sé que te refieres, no.

No deberías tener la impresión de que miles, cientos o incluso docenas de seres sensibles de otra dimensión caminan por las calles y se sientan junto a ti en los restaurantes o se paran a tu lado en la fila del supermercado. En ese sentido no hay ni habrá "alienígenas entre ustedes".

Bueno, pero entonces, ¿qué estás diciendo?

Digo que en raras ocasiones, a lo largo de la historia humana, ha habido momentos en los que un Ser Altamente Evolucionado ha tomado una forma humana como medio para entregar físicamente —y, más importante, ofrecer un modelo visible— un mensaje particular que podría haberse perdido entre la vorágine de los asuntos humanos y no ha sido colocado frente a tu especie de una forma más directa para su consideración.

Esto puede suceder, en la escala humana de tiempo, una vez cada mil años o más. Ha sido un suceso más bien infrecuente y aislado.

Un método más común para ayudar a la civilización en la Tierra —o en cualquier planeta— es mediante el envío de energía sanadora y de apoyo, en forma de alivio, iluminaciones, conceptos e ideas para que la humanidad las considere para vivir. Esto se hace a través de un proceso que podrías llamar inspiración.

Ningún ser o entidad ingresa en la mente de nadie en forma intrusiva —eso rompería el código tácito o la guía que rodea al proceso, el cual no permite que ninguna entidad viole el espacio privado de los pensamientos de ningún ser sensible—. Los SAE tan sólo colocan ideas en el espacio de la vida, y estas ideas resuenan con los seres del ámbito físico que proyectan una firma energética similar. La resonancia energética es la que lleva estas ideas a ellos. Entonces dirán a menudo: "Acabo de tener una idea". Y de hecho la *tuvieron*. Esto es justo lo que pasó, y es una manera perfecta de describirlo.

Así que, si los SAE no entran energéticamente en la mente de un ser humano, ¿cómo *hacen* con exactitud para que sus ideas y sugerencias sean notadas o escuchadas y acogidas?

Las dejan caer en el arroyo de lo que Carl Jung llamó el Inconsciente Colectivo. Los humanos que resuenan con estas ideas se encuentran magnetizados por su coincidente vibracional.

Por supuesto, todo es energía que vibra en una frecuencia particular. Cada ser sensible en el universo es atraído hacia la energía de vibración con que coincide. Así es como se inspiran los seres sensibles.

Ahora bien, la gran mayoría de las ideas de los humanos proviene de sus propias observaciones e inventiva, de modo que los conceptos y nociones de los SAE apenas representan un pequeño porcentaje. Sin embargo, estos conceptos y nociones se encuentran en el flujo energético, y se ha sabido que llegan a la conciencia de las personas que sienten atracción hacia ellas. A menudo éstos son humanos que se han colocado en ocupaciones relacionadas con las ideas.

El resultado: ideas de gran alcance, edificantes y revolucionarias se presentan con frecuencia en libros, películas, programas de televisión, videos, revistas, periódicos, redes sociales y otras vías que se extienden a las masas.

Noto que eso sucede con regularidad. No sé con exactitud cuáles ideas vienen de dónde, pero sí he visto muchas películas, libros, artículos virtuales y otros mensajes que tratan acerca de mejores formas de interacción entre los humanos, que ofrecen elementos de una historia cultural de nuestra especie maravillosamente alterada y que presentan escenarios nuevos y atrevidos para mejorar nuestro futuro colectivo.

Ahora me has dejado pensando. ¿Esta experiencia que tengo en este momento forma parte de ese proceso? ¿Alguna de mis Conversaciones con Dios ha sido una conversación con un Ser Altamente Evolucionado?

No. Esta conversación no proviene de los Seres Altamente Evolucionados a quienes me he referido, si ésa es tu pregunta. Forma parte de un proceso más grande a través del cual la Divinidad se expresa a lo largo del cosmos.

Cada ser sensible en el universo tiene la habilidad de comunicarse directamente con Lo Divino. No es y nunca ha sido necesario transitar a través de un intermediario, un Ser Altamente Evolucionado ni nadie más.

Todos los seres humanos sostienen conversaciones conmigo todo el tiempo. Tan sólo no lo "anuncian" o lo llaman de otro modo, por lo común debido al miedo a ser ridiculizados o marginalizados.

Los Seres Altamente Evolucionados tan sólo se encuentran más *conscientes* de su eterna conexión con la Fuente Original y nunca negarían que son expresiones de ella, experimentan que están en comunicación constante con la Esencia Esencial que ustedes llaman Dios y encuentran tanto gozo como plenitud al entregar aquello que han comprendido y experimentado como resultado de su eterna conexión y unidad constante conmigo.

Así que los Seres Altamente Evolucionados en ocasiones han venido a la Tierra a lo largo de milenios.

Sí, y al hacerlo ofrecen la mejor oportunidad para que un mensaje que será de gran beneficio para el avance de tu especie sea entregado y modelado de modo que no pase inadvertido.

El mensaje no requiere ser aceptado, si es que no lo quieren así. Nada es requerido ni forzoso para nadie por parte de un Ser Altamente Evolucionado. Sin embargo, el objetivo de los SAE es entregar y modelar el mensaje de manera que no pase inadvertido.

25

Me encantaría comprender esto aún mejor. Pensarás que tengo una insaciable sed de detalles, pero me resulta difícil aceptar aquello que no logro retener en mi mente de manera tan exhaustiva como sea posible.

Por favor, no te preocupes. En conversaciones anteriores ya te he invitado a poner de lado cualquier sentimiento que debas explicarte a ti mismo o pedir disculpas por él.

Sí, lo has hecho, gracias.

Sólo para estar seguro, dada la fascinación que me provoca y no para que este diálogo continuo se enfoque en los detalles técnicos de los Seres Altamente Evolucionados, de manera que se pierda de vista el aspecto más importante, el cual has sido invitado a vivir y compartir —que es la manera en que todos ustedes pueden elevar su experiencia en la Tierra a la experiencia de una especie despierta llamada Humanidad.

Querrás asegurarte de que hablemos acerca de cómo integrar a plenitud ideas elevadas y maravillosas en tu vida cotidiana, al cambiar tus propios comportamientos durante el proceso. Y queremos hablar más sobre el amor. El amor verdadero. El amor real. La energía fundacional del universo. Y cómo pueden experimentarlo y expresarlo en su más pura forma.

Gracias, no lo perderé de vista. Quiero traer todo eso de vuelta a los temas de gran importancia y relevancia para mi propia experiencia. Y esto se debe a que sé que *es* de relevancia personal que haya aceptado sin pausa la Tercera Invitación. Me doy cuenta de que esto me hará más bien a *mí* que a nadie más.

Pero por supuesto que estoy fascinado con lo que me has estado diciendo desde que mencionaste que quienes elegimos hacerlo no debemos preocuparnos por emprender esta misión de despertar a las especies por nuestra cuenta, que tenemos ayuda.

La tienen.

Y que esta ayuda proviene de Seres Altamente Evolucionados de Otra Dimensión.

Así es.

De modo que no hay manera de que yo no quiera saber todo lo posible al respecto. Supongo que el modo en que procuran ayudarnos ha sido compartiendo algunas acciones, elecciones y decisiones que los humanos podemos asumir en la medida que cobremos mayor conciencia, por lo que estoy muy agradecido por haber revisado esa lista y explorado algunas de sus implicaciones para la humanidad.

Sin embargo, mi mente me advierte que, antes de que pueda absorber por completo ese tipo de información, necesita lidiar con un escepticismo muy real respecto a si estos llamados Seres Altamente Evolucionados en efecto nos han visitado... y si es así, cómo han podido "salirse con la suya" sin desconcertar al mundo entero.

Presiento que, si pudiera entenderlo, sería capaz de hacer a un lado mi pensamiento lógico para explorar cómo podría cambiar la sociedad humana si viviéramos como una especie despierta.

Entonces, ¿qué necesitas saber de todo esto?

Primero me gustaría entender con claridad lo que me ha sido dicho hasta ahora.

Pregunta lo que desees.

Gracias.

En aquellas ocasiones en que los Seres Altamente Evolucionados se han materializado en la Tierra —y tú dijiste que esto ha sido excepcional, pero que ha sucedido—, explicaste que no "aparecerían" de pronto como seres humanos, caminando por ahí como personas completamente desarrolladas, sino que encarnarían al inicio del ciclo de la vida humana. ¿Es correcto?

Sí, así es.

Así que debo preguntar... Esto se realiza con el conocimiento de la madre y el padre del bebé. ¿Es correcto? Si en verdad se trata de un Ser Altamente Evolucionado, no puedo imaginar que encarne en una forma invasiva o intrusiva.

Estás en lo cierto. Los dos humanos que procrean al bebé serían imbuidos de modo gentil y amoroso con la noción profunda de que tienen la oportunidad de crear un niño con un propósito muy especial, y de que la opción de hacerlo o no es suya.

Pero, ¿sabes?, de todas formas la idea de que una pareja dé a luz a un ser alienígena aún me parece difícil de aceptar. Me siento muy desafiado por esto.

Los Seres Altamente Evolucionados que se convirtieron en hijos de los humanos no eran "alienígenas" de ninguna manera diferente a aquella en que tú mismo serás un "alienígena" cuando abandones tu cuerpo físico a través del proceso que llamas "muerte" y luego vuelvas del aspecto metafísico de otra vida al aspecto físico mediante el proceso que llamas "nacimiento".

Un Ser Altamente Evolucionado tan sólo es una entidad con conciencia plena que se ha movido por el mismo ciclo y está haciendo lo mismo, con la diferencia de que ese ser se ha trasladado entre las dimensiones metafísica y física. En raras ocasiones uno de estos seres se ha materializado en la forma llamada "humana".

Ya veo.

Tampoco serías un "alienígena" en cualquier otra forma en el universo físico que pudieras decidir asumir. Serías "uno de ellos" en cualquier civilización en el Ámbito de lo Físico donde decidieras adquirir forma física.

Lo siento. Me perdí de nuevo.

Podrías materializarte en cualquier forma que decidas, en cualquier lugar del universo. ¿Sabías eso?

No, no lo sabía. Quizá alguna vez me topé con esa idea en algún lado, una lectura o una historia que haya escuchado por ahí, pero no sabía que era verdad.

Lo es.

¿Estás diciendo que puedo decidir reencarnar en algún lugar que no sea la Tierra?

Tienes esa opción, sí.

¿Y por qué lo haría?

Como parte del viaje de tu alma, como parte de su misión de experimentar cada aspecto de sí misma, que tu alma sabe que es. Por esa misma razón tu alma puede haber dejado otras civilizaciones para encarnarse en la Tierra.

¿Me estás diciendo que *yo* podría ser un alienígena *aquí*?

No. Al haber nacido aquí no serías más "alienígena" que un Ser Altamente Evolucionado que ha venido a la Tierra. Ése es el punto. Tan sólo habrías venido aquí para experimentar cada aspecto de la vida que puede ofrecer la existencia en la Tierra, mientras que un Ser Altamente Evolucionado de Otra Dimensión habría venido aquí a ayudarlos.

¿Alguna vez he hecho algo así? Entiendo que dices que es posible para un alma hacerlo, pero ¿alguna vez mi alma ha encarnado en algún otro lugar del cosmos?

Déjame hacerte una pregunta. ¿Alguna vez has levantado la vista hacia el cielo nocturno y has sentido que miras hacia tu hogar?

Sí, de hecho sí. Debo admitir que es una pregunta interesante. Incluso a veces he sentido *añoranza por el hogar,* con mi atención atraída como un imán hacia un sector particular.

¿Crees que te sentirías así respecto a un lugar donde nunca has estado?

Dios mío. Esta conversación me está llevando a un montón de lugares inesperados.

Si quieres lo esperado, tal vez no deberías estar sosteniendo esta conversación con Dios.

No, quizá no.

Entonces dices que nuestras almas tienen la opción de decidir dónde materializarse entre cada vida.

La experiencia completa de todas las almas tiene que ver con elegir. En todo momento y para siempre, elección, elección, elección.

La *libre* elección. La elección de los Seres Divinos, ser Divino.

¡Ay, hombre...! Esto es tan... no sé... *increíble* es la palabra que viene a mi mente. Me estoy esforzando por no decir "imposible de creer".

¿Por qué estás tan perplejo? ¿Acaso no está escrito: "Ustedes son Dioses"...?

Sí, sí, pero ¿quién cree esas cosas? ¿Quién lo toma *de manera literal?*

¿Qué sentido tendría el mensaje si fueran a hacerlo a un lado?

Escucho lo que me dices. Pero hay mucha información en diversas escrituras sagradas, y no todas sus palabras son verdad. Seamos justos. Ha habido algunas malinterpretaciones, algunos malentendidos de las... debo decir... "revelaciones" originales. De modo que debemos seleccionar y elegir, y no es fácil saber con qué quedarse y creer en eso profundamente.

Sí, por eso cada tanto un Ser Altamente Evolucionado de Otra Dimensión encarnará en forma humana para entregar y *modelar,* en forma humana, la más grande de las verdades, dándole la posibilidad a tu especie emergente de dilucidar todo esto.

Cuando un Ser Altamente Evolucionado se hace humano en su forma, éste absorberá, acogerá y encarnará todos los aspectos que hacen de un ser humano lo que es, hasta el más pequeño detalle y característica celular. Por lo tanto, no es alienígena, sino enteramente humano, y sin embargo tiene cualidades de pensamiento y temperamento, conciencia y entendimiento que le brindan su conocimiento y experiencia.

Entonces esta alma en realidad podría ser llamada un *humano* altamente evolucionado.

Exactamente así es. Los SAE, como tú, son almas que manifiestan la Divinidad en forma física. Son almas que han elegido trasladarse de lo metafísico a lo físico en tu dimensión para tener la experiencia de su propia Divinidad, ayudando a otras almas a recordar la suya.

Ésa es una maravillosa clarificación, una exégesis perfecta.

[illegible]

[illegible]

[illegible]

[illegible]

26

Entonces, un Ser Altamente Evolucionado vive a través de sus años de desarrollo como cualquier otro miembro de nuestra especie, y luego, conforme se vuelve adulto, comienza su labor de ayudar a la especie a despertar.

Algunas veces incluso antes de eso.

¿Inicia esa labor en la infancia?

A veces sí.

¿Y cómo es que no destaca?

De hecho lo hace. Casi siempre se reconoce que es un niño "destacado". Y quizá haya sorprendido a los demás con lo que parece saber y lo que dice. Pero el único objetivo de los SAE era dejar información aquí en la forma de ideales superiores bien articulados para que sean considerados por una cultura que aún se encuentra en vías de desarrollo.

¿Cómo fue que Ser Altamente Evolucionado logró eso? ¿Cómo "dejó" esta información? Dime cómo nos ayudó un SAE cuando vino a la Tierra.

El SAE le habló a la gente —a veces a los ancianos y, más adelante en la vida, sus iguales— y ofreció cosas que espabilaron sus oídos y que en algunos casos han sido recordadas por siglos.

También modeló, a través de su comportamiento, la forma en que puede vivir una especie despierta. Ésta fue su contribución más significativa a la cultura, los medios principales en que entregó el mensaje.

Algunos Seres Altamente Evolucionados dejaron escritos y añadieron ideas a la cultura de muchas formas, desde novelas hasta poesía y dramatizaciones para puestas en escena, en las cuales depositaron verdades enormes.

¿Como cuáles? Estoy listo para escuchar cómo piensa una especie despierta. Estoy esperando que me des algunos ejemplos.

Aquí hay algunos: elimina el concepto de haberte sentido ofendido alguna vez —y, más aún, la búsqueda de venganza—. Ofrece las más grandes bendiciones a quien te lastime. Evita cualquier tipo de defensa.

Bueno, en verdad ésas son ideas muy… ¿cómo lo explico?… “avanzadas”. Cualquier ser humano que dijera algo así acaso sería considerado como marginal y no se le tomaría muy en serio.

No estés tan seguro. Ideas como ésta han sido depositadas en tu cultura y *no* han sido descartadas, sino honradas.

Fue el hombre llamado Buda quien dijo a sus monjes que incluso si unos bandidos, en un camino, los atacaban y robaban:

> Cualquiera de ustedes que albergue deseos malvados en su corazón no estará actuando acorde con mis enseñanzas. Monjes, incluso en una situación como ésa deben entrenarse así: “Nuestras mentes nunca deberán afectarse por esto, y por lo tanto no deberemos dar rienda suelta a

palabras malvadas, pero sí habremos de permanecer llenos de preocupación y piedad, con una mente de amor, y no habremos de ceder ante el odio.

"Por el contrario, deberemos proyectar nuestros pensamientos de amor universal a esas mismas personas, haciendo de ellas y del mundo el objeto de nuestros pensamientos de amor universal, los cuales han crecido grandiosos, exaltados y sin medida. Deberemos acostumbrarnos a radiar estos pensamientos carentes de hostilidad y deseos malvados". De esta forma, monjes, deben entrenarse a ustedes mismos.

¿Y no fue un hombre llamado Jesús quien dijo: "Ama a tus enemigos, bendice a quienes te maldicen, haz el bien a quienes te odian y reza por aquellos que te utilizan sin remordimiento y te persiguen"? ¿Y acaso no dijo también: "Si alguien te abofetea la mejilla derecha, ofrece la izquierda"?

¿Estás diciendo que Buda y Jesús eran Seres Altamente Evolucionados de Otra Dimensión?

Digo que éstas son ideas que en esos tiempos no estaban aceptadas ni practicadas con amplitud en la cultura de la humanidad.

Tampoco hoy.

Tampoco hoy. Aquellos que las pronunciaron fueron inspirados.

Pero ¿eran SAE o no?

No sirve a ningún propósito que identifiquemos uno por uno a cada individuo de la historia de la humanidad que recibió inspiración de una entidad que nació como un Ser Altamente Evolucionado encarnado en tu planeta —ni quién era alguno de hecho.

Pregunto porque, debido a la información en este diálogo, algunos creerán que estás infiriendo que los grandes maestros y filósofos y mensajeros de nuestro pasado —desde Lao-Tsé hasta Sócrates, desde Buda hasta Jesús… desde Hildegarda de Bingen hasta Juliana de Norwich, doscientos años después… y otros modelos y maestros que vivieron antes y después de aquellos hombres y mujeres— eran Seres Altamente Evolucionados de Otra Dimensión. ¿Eso es lo que infieres?

¿Te das cuenta de que esto se ha convertido en una distracción de su mensaje? Es casi como si la maravilla y gloria de su modelo, la capacidad introspectiva y la sabiduría de su mensaje fuera considerada de distinta manera debido a que podría haber sido inspirado por Seres Altamente Evolucionados, o porque ellos, los SAE, vienen de otra dimensión y nacieron en la humanidad para asistir a la especie.

¿Y por qué el *origen* de cualquier mensaje o modelo tiene una mayor importancia que el *contenido?*

El efecto de que los SAE ofrecieran asistencia e inspiración en su proceso evolutivo no buscaba que los humanos cuestionaran su pasado, sino inspirarlos a crear un futuro glorioso.

La verdad es la verdad, sin importar la fuente.

Entonces, para dejar de lado la cuestión de nuestro pasado distante, permíteme preguntarte lo siguiente: ¿en este momento estos seres se encuentran encarnados en nuestro planeta?

De igual forma, no tendría propósito alguno continuar con esta línea de cuestionamiento.

Si dijera que "sí", de inmediato querrías conocer la identidad de esa entidad. Si dijera que "no, no en este momento de la historia", entonces me pedirías que identificara al más *reciente*.

En cualquier caso, identificar a alguno entre ustedes, pasado o presente, como un miembro de una especie despierta de Otra Dimensión podría, en la mente de algunas personas, invalidar algunos mensajes muy importantes que los humanos han acogido al menos de modo parcial —o, por el contrario, podría elevar demasiado cada una de las palabras que estos seres hubieran pronunciado o escrito, convirtiéndolas en lo que hay que creer, en lugar de creer en *ti mismo.*

Eso es todo.

Así debe ser. No tendría sentido que los Seres Altamente Evolucionados pretendieran ayudar a la humanidad si lo que hicieran provocara que todo el mundo buscara *su* ayuda.

La idea es que los seres humanos adquieran conciencia de Quiénes Son, no que *sustituyan* esto por una conciencia de quién es alguien más.

Sí, nuestras religiones ya lo han hecho. No necesitamos que el proceso se repita.

No lo necesitan.

El propósito de toda la misión en que los SAE pretenden asistir a la humanidad no es reemplazar la magnificencia humana con la de ellos, sino enaltecer la magnificencia humana con alguna palabra o idea, aquí y allá, muy bien seleccionada, ofrecida a tu especie para que la consideren.

Por eso se ha dicho —y aquí ofrezco una versión más amena—: "Si ves a Buda caminando por la calle, huye de él".

Nunca comprendí esa frase.

Si se ve como Buda, camina como Buda, habla como Buda y actúa como Buda, con seguridad no es Buda, sino un impostor que tan sólo busca tu atención y adulación. Porque el verdadero Buda no querría nada de ti, mucho menos el reconocimiento de *su* grandeza, y sólo desearía tu propia realización.

¡Vaya! Entiendo. Y ésta es una maravillosa segunda respuesta para mi reciente pregunta acerca de mí mismo, y aquellos que se han elegido a sí mismos para ayudar a despertar a la especie, en cuanto a sentirnos tentados a mostrar grandilocuencia.

Incluso si el ego nos tienta a hacerlo, una conciencia más profunda nos dejaría en claro que eso arruinaría el propósito mismo de haber aceptado la Tercera Invitación.

En efecto, así sería. Y, por la misma razón, identificar a cualquier SAE en la Tierra en el pasado o el presente implicaría ir en contra del propósito mismo de tan extraordinaria visita.

Lo entiendo. Ya no insistiré con esa información —aunque debo decirte que en verdad despertaste mi curiosidad.

Será mucho más benéfico para ti satisfacer tu curiosidad respecto al momento en que toda la población de la Tierra decida vivir como una especie verdaderamente despierta. Los SAE te conminarían a sentir curiosidad al respecto.

27

¿Es posible que yo entienda en "términos simples" la metafísica de todo lo que hemos discutido?

Sí, lo es. La cuestión es si posees la paciencia y el interés para hacerlo.

Puede ayudarte en el proceso de expandir el entendimiento acerca de ti mismo, tu universo multidimensional e incluso de Dios, pero podría sentirse como una clase de maestría universitaria.

Adelante. Soy todo oídos.

Tan sólo considera esto: en todas partes la vida está compuesta por mucho más espacio que materia.

(Esto puede observarse con facilidad con un microscopio o un telescopio. No es una sorpresa que el universo y un grano de arena se vean justo iguales, según el grado de magnificación de la arena. En esencia, el macrocosmos y el microcosmos son idénticos.)

Ahora bien, cuando la energía pura —la expresión primordial de la Vida a la cual llamamos Esencia Esencial— se coagula, entonces se transforma en eso que en términos humanos llamaríamos "materia".

Debido a que estas coagulaciones vibran o vacilan a una velocidad suficiente, las partículas se encuentran en constante movimiento. No sólo vibran o rotan en su lugar, sino que también se mueven a través del espacio propulsadas por la energía de su giro —no muy distinto a como se mueve una tapa a lo largo de una mesa conforme gira.

Estas incontables partículas pueden moverse tan rápido —en términos relativos— que parecería que no estuvieran aquí ni allá, sino en todos los lugares al mismo tiempo, y de este modo se crea la ilusión de solidez —o lo que ustedes llamarían "físico".

Puedes observar que las aspas de un ventilador o los rayos de una rueda de bicicleta generan la misma ilusión. La ilusión de solidez.

Lo entiendo. Dices que con tan sólo *reducir* la frecuencia vibratoria, o la velocidad, de la Esencia Esencial de los SAE de Otra Dimensión, ellos se *des-solidifican* o "desencarnan".

Es correcto. Todo lo que han hecho es desacelerar de modo radical el giro de sus partículas de energía, a la vez que expanden el tiempo que les toma a esas partículas llegar de un punto a otro en su patrón vibratorio.

De repente ves el espacio entre las partículas, como verías el espacio entre los rayos de la rueda de la bicicleta si cesara la energía que los impulsa.

(Por cierto, si observas el universo o cualquiera de sus galaxias desde una distancia lo bastante lejana, todo lo que verás será una Gran Rueda.)

Ahora bien, si el espacio entre los rayos fuera lo bastante grande —como lo sentirías si fueras del tamaño de un microbio y, por lo tanto, tu perspectiva fuera miope—, lo único que verías durante mucho tiempo —hasta que el siguiente rayo de la rueda pasara por ahí— sería espacio vacío. En efecto, mientras esperas el siguiente rayo, parecerá que la solidez desapareció. Lo que no sabes es que *nunca estuvo ahí.* Lo que creaba la *ilusión* de solidez era tan sólo la velocidad de los rayos moviéndose más allá de tu línea de visión.

Cuando un Ser Altamente Evolucionado pierde su materialidad, el tiempo entre el ciclo energético del SAE es tan grande —en términos relativos— que el espacio entre sus vacilaciones es enorme —también en términos relativos—, y lo que alguna vez aparentó tener una forma física sólida ya no tiene esa apariencia. La entidad parece haber "des-aparecido", ya que no puede ser observada por completo a menos que se haga desde una distancia gigantesca —inconmensurable para ti.

La fórmula es simple:

Tiempo + Espacio = Apariencia.

Si pudieras ver el universo entero a una distancia suficiente —y el *universo* de universos—, verías el Cuerpo de Dios.

Entonces, ¿aquello que los físicos conjeturan hoy en día es verdad? ¿Existe más de un universo?

Sí. El cosmos es un multiverso, no un universo.

Así que, para usar una frase trillada, *no sabemos ni la mitad de las cosas.*

Para ser más precisos —y quizá acuñar una nueva frase—, ustedes no saben ni una centésima de las cosas. Pero los Seres Altamente Evolucionados de Otra Dimensión comprenden la metafísica de la existencia a la perfección y, por lo tanto, tienen claro que ellos no existen ni dejan de existir debido a la frecuencia de su vibración energética. Ellos tan sólo son o no son "físicos".

"Ser o no ser, ésa es la cuestión."

Precisamente.

Los SAE saben que existen siempre y para siempre como individualidades vibratorias de la Esencia Esencial, y que todo cuanto hacen es regular las fluctuaciones de energía, alterar las vacilaciones para ser o no ser vistos, visibles o no visibles; aquello que llamarías "físicos" o "no físicos", según su propósito.

Qué simple. En realidad ellos nunca "encarnan" ni "desencarnan"; simplemente *son siempre*. Siempre son *ambas cosas*. Y llenan más o menos espacio —en cierto sentido, expandiéndose o contrayéndose— con tan sólo alterar la velocidad de su vibración energética.

Y Dios es tan grande, debido a tu vibración energética, ¡que tú no puedes ser visto en lo absoluto! Y eso no significa que no estés aquí; sólo quiere decir que te encuentras tan *expandido* que el espacio entre tus partículas energéticas te hace invisible.

Brillante. ¡Lo has comprendido! ¡Una explicación metafísica de "Dios"!

Tú y *todo* son partículas de energía de Dios. Y el espacio enorme entre las gigantes partículas giratorias del cosmos se refleja en el inmenso espacio, en términos relativos, entre las partículas de las que *tú* estás constituido.

¿Entiendes que si miraras tu propio cuerpo a través de esta enorme magnificación, lo que verías sería justo lo que ves cuando levantas la mirada al cielo nocturno? Verías que tanto tú como el cosmos son 99% espacio.

¿Imaginas que esta similitud es una coincidencia?

Si sacaras el aire de cada una de las personas de la Tierra y sólo dejaras sus partículas de energía, toda la raza humana cabría en la canica de un niño.

Esto me deja atónito.

Y resulta muy útil comprenderlo.

Casi todos los humanos poseen ideas de sí mismos a partir de lo que ven y experimentan cuando sus partículas de energía se mueven a una velocidad máxima.

Piensas que eres un cuerpo más que un alma *creando* un cuerpo a través de una simple manipulación metafísica.

Cuando las partículas de energía de un cuerpo se mueven a una velocidad máxima, dices que esa persona está "viviendo". Y cuando su energía se mueve despacio, dices que ha "muerto".

Sin embargo, la muerte no existe. Nunca cesas de ser; tan sólo cambias de forma. De hecho, cuando "mueres" te vuelves más *expansivo*.

De modo que *nunca* me "des-materializo". Siempre soy un conglomerado de partículas de energía, y nunca cesaré de serlo. ¡A eso te refieres cuando dices que la muerte no existe! Sin importar si soy "físico" o "metafísico", es una simple cuestión de qué tan *expandido* está el tiempo que les toma girar a las partículas que me constituyen, ¡qué tan lejos se hallan mis partículas en la Continuidad Espacio/Tiempo! Y esto sólo está en función de la velocidad a la que rotan y, por lo tanto, se mueven unas alrededor de otras.

¿Lo ves? Preguntaste si podías entender todo esto en términos simples y te dije que "sí". Y ahí lo tienes.

Pero mi cuerpo continúa existiendo físicamente cuando el alma se va. Es quemado o enterrado o desechado de alguna otra forma, pero no desaparece sin más.

No, sólo deja de existir en su forma física presente. Con el tiempo se disipa.

Pero creo que está *más* "integrado" con el planeta. Mi cuerpo "muerto" se descompone con el tiempo y se convierte en parte de una composición mayor en la Tierra donde es enterrado. O, si fue cremado, en un instante se transforma en el polvo del cual están hechos la Tierra y el Cosmos. Pero no se desintegra.

Es correcto. El cuerpo que tienes no se desintegra, se REintegra. Con el tiempo se integra de tal forma con el mundo físico a su alrededor que, irónicamente, da la impresión de desaparecer. Pero de hecho no ha *des*-aparecido en absoluto, sino que ha tomado una *nueva* apariencia. Ahora está mezclado o se volvió uno con aquello de lo que todo está conformado.

Polvo eres y en polvo de convertirás.

Exactamente. Entonces las partículas son recolectadas por el alma que habitaba ese cuerpo y reunidas con la Mente y el Espíritu para volverse, una vez más, el Yo de tres partes. Ésta es la Resurrección del Cuerpo, de la cual se ha escrito mucho.

Pero eso no sucede en forma instantánea, como con los Seres Altamente Evolucionados. Ése es mi punto. Este proceso toma tiempo.

Si lo miras a partir del esquema de esa ilusión, sí. Pero visto desde otro ángulo —el punto de vista del alma cuando se encuentra en forma metafísica—, todo sucede al mismo tiempo.

Las expresiones energéticas a las que llamas tu cuerpo y tu mente viajan con el alma —de hecho son partes del alma— a través de toda la eternidad. Lo que tu mente, en su limitado entendimiento, llama cuerpo y mente son meros aspectos de la energía del alma, vibrando en frecuencias que provocan que se expresen y se experimenten de modos particulares.

Eres un ser de tres partes —cuerpo, mente y espíritu— y nunca jamás serás más ni menos. Conforme te trasladas de lo metafísico a lo físico y de regreso, tan sólo desintegras y reintegras estos aspectos de Quién Eres.

Para ayudarte a comprender cómo esto es posible, piensa en lo que llamas "luz blanca". Se trata de una combinación de luces de diferentes amplitudes de onda en el espectro electromagnético. Si envías luz blanca a través de un prisma que la disperse, verás el espectro de colores, los cuales son las partes que la constituyen.

Ahora piensa en la materialidad como el "prisma" de la Realidad Última. Cuando el alma pasa a través del prisma hacia la materialidad, se descompone en sus partes constitutivas: cuerpo, mente y espíritu. Cuando pasa de regreso a través del prisma, en dirección contraria —o, como lo plantean los humanos, cuando "te vas al otro lado"—, el alma se convierte de nuevo en un elemento.

Ese elemento eres Tú.

28

Me descubro a mí mismo queriendo insistir en que todas estas cosas —todos estos procesos que acabas de explicarme tan bien— requieren *tiempo* y *espacio* para suceder. Y continúas diciendo que no existen el Tiempo ni el Espacio. Estoy intentando aceptar esto.

Veo que *en realidad* quieres entrar en profundidad en el asunto de la cosmología de la vida.

Lo siento. Es como dije antes. Supongo que no puedo entender —ni aceptar— nada a menos que entienda y acepte todo.

Está bien. Eso es bueno. *Mantente escéptico.* Lo haces de parte de muchos de tus hermanos y hermanas. Esto es acerca de despertar a la especie.

Aunque ya antes expliqué mucho de esto, quizá haya mencionado una gran parte por primera vez. Y, al igual que tú, quizá otros hayan almacenado en los rincones más recónditos de sus mentes y olvidado lo que te he dicho.

Así que repasemos aquí brevemente, y si quieres más detalles puedes volver a nuestros diálogos anteriores y releerlos.

De acuerdo, pero lo que entiendo ahora es que el proceso por el cual evolucionamos tanto los humanos como los Seres Altamente Evolucionados de Otra Dimensión, experimentándose a sí mismos en niveles cada vez más altos, requiere de tiempo. Entonces, sí, necesito refrescar estos conceptos. Y pienso que me ayudará, en términos prácticos, a la manera de vivir mi vida.

Sí. Puede ayudarte y así será.

Entonces, ¿dices que incluso los Seres Altamente Evolucionados viven dentro de lo que describes como la "ilusión" del tiempo?

En efecto. La diferencia es que ellos *saben* que es una ilusión y, por lo tanto, se enfocan en la ilusión de manera intermitente, como lo describimos hace poco, lo cual les permite usarla para lo que necesiten.

Esto empieza a quedar fuera de mi alcance; estoy empezando a sentir que no comprendo. Siento que esto me sobrepasa.

Usemos un ejemplo que te saque de esas aguas profundas. Piensa en el DVD de tu película favorita. La historia completa está ahí, ¿verdad?

Sí.

Pero no la ves toda a un tiempo. Enfocas el láser en un fragmento a la vez. Luego en el siguiente, luego en el siguiente, luego en el siguiente —logrando que parezca como si la información *existiera* de manera secuencial, aunque sabes que no es así—. Sabes que todo está ahí al mismo tiempo. Todo está ahí, todo el tiempo.

Ahora bien, si los humanos, como los infantes de la comunidad cósmica de los seres sensibles, pueden lograrlo, ¿qué es lo que los Seres

Altamente Evolucionados pueden hacer con la información de ese disco gigantesco llamado universo?

Ya me habías ofrecido esta imagen y la había olvidado. Gracias por recordármela. Es una gran analogía. Creo que logré sacar la cabeza del agua.

Bien. Comienzas a entender la ilusión. Pero la mayoría de los humanos no saben que el tiempo y el espacio son ilusorios, y entonces imaginan que están constreñidos por ellos y creen que deben obedecer las "leyes" del tiempo y el espacio.

En realidad es como cualquier cosa en la vida. Cuando conoces las "reglas", puedes desobedecerlas. O utilizarlas para producir cualquier efecto que desees.

Esto es lo que *yo* hago a gran escala, por supuesto. Y esto es lo que hace también cualquier ser que *actúa* como Dios.

¿En verdad sugieres que debemos ignorar las leyes del tiempo y el espacio? ¿No es igual a sugerirle a alguien con delirios de grandeza que salte de un avión sin paracaídas porque puede ignorar las leyes de la gravedad y volar?

No sugiero que ignoren las leyes del universo tal como las entienden. Sugiero que las *usen*.

¿Cómo las usamos? ¿Y cómo puede una persona promedio saber siquiera que ésas *son* ilusiones? En verdad son muy reales para nosotros.

Así se supone que sean. Ése es el punto de que las ilusiones existan. Fueron creadas para producir un Campo Contextual en el cual ustedes expresen y experimenten su Ser al más alto nivel —y luego en el siguiente nivel más alto, y el siguiente, y así a lo largo de toda su vida... y todas sus *vidas*.

Pero mis dos preguntas permanecen. ¿Cómo usamos esas ilusiones y, discúlpame, pero cómo podemos saber que *son* ilusiones? En lo personal, adoro la analogía de los DVD, pero ¿hay alguna manera de comprobarlo?

Puedes usar mejor las ilusiones al comprender que el tiempo y el espacio no son lo que aparentan y que puedes reaccionar y responder a éstos de diversas maneras para producir diversas experiencias.

Por ejemplo, ¿alguna vez has notado que "el tiempo vuela cuando te diviertes"? Y a la inversa, ¿alguna vez has notado que, cuando estás esperando que algo especial o importante ocurra, tres semanas parecen tres meses?

Sí. Y también me he dado cuenta de que nunca soy tan productivo como cuando hago las cosas "de último minuto".

Exacto. ¡Cuando son las últimas cuatro horas que te quedan, puedes lograr más de lo que lograrías en dos días enteros!

Y por eso comprenderlo puede convertirse en algo práctico: en los próximos diez días pueden lograr más conservando los recursos de la Tierra, su medio ambiente, mejorando las condiciones del planeta y experimentando su propia transformación que lo que lograron en los cien años anteriores, y lograr más en los próximos diez años que lo que lograron en el siglo anterior, si es que así lo deciden.

El primer paso para hacer esto posible sería aceptar que el Tiempo es una ilusión, sin limitarte ni desanimarte por "el poco tiempo" que al parecer tienes —ni permitirte ser apático por el "mucho tiempo" que crees tener.

Lo importante es que determinar tus habilidades y establecer tus metas no tenga nada que ver con el tiempo. Libérate de esas amarras artificiales. En verdad puedes, como dice el antiguo refrán, no dejar para "mañana" lo que puedes hacer hoy.

Como prueba —en términos físicos y no simples analogías con el DVD— de que el tiempo como lo entiendes *es* una ilusión: ¿estás consciente de que, si viajaras en una nave espacial y te alejaras bastante de la Tierra, y le dieras la vuelta y desde ahí miraras a tu hermano, no verías lo que está pasando "ahora", sino en su pasado? ¿Sí?

¡De hecho, podría mirarme a mí mismo despegando!

Así es. Si pudieras viajar muy lejos lo bastante rápido, podrías voltear y asomarte a tu propio pasado.

¡Eso significaría que puedo existir en dos lugares al mismo tiempo!

(Ejem, ¿es que nunca le has hablado a tu "ser futuro"?)

De modo similar, si *empezaras* un viaje desde una posición en el espacio muy, muy profundo, en un cierto "momento" de la Tierra, y pudieras tomar una foto de lo que sucede en la Tierra mientras te diriges hacia ésta a toda velocidad, lo que observarías en el instante en que tu hermano experimenta su "ahora" sería el *futuro de tu hermano.*

No creo haber entendido esto. ¿Cómo puedo saber que es verdad?

Estudia el trabajo de Albert Einstein. Pregúntale a cualquier físico. Te dirá que hay una relación directa entre el movimiento a través del espacio y el paso del tiempo.

¿De eso se trata lo que llaman la Continuidad Espacio/Tiempo?

Es justo eso. El espacio y el tiempo no son dos cosas diferentes, sino un elemento unificado del cosmos; dos aspectos de una Realidad Única.

En esa Realidad Única no hay pasado, presente ni futuro. Tan sólo existe lo que estás mirando en el Todo. Existe sólo el Momento Dorado del Ahora, experimentado desde diferentes "lugares" de la Continuidad Espacio/Tiempo.

Me has dicho que todo cuanto ha pasado hasta ahora sucede en este momento y sucederá —está pasando ahora mismo—. De modo que te referías a esto.

Así es.

Nuestra experiencia del tiempo está creada por nuestro lugar en el espacio. ¿Es lo que estás diciendo?

Sí.

Entonces, ¿cómo podemos aspirar a cambiar las cosas? Si todo ya ha sucedido, ¡no podríamos cambiar nuestro futuro aunque quisiéramos!

Puedes cambiar el futuro que tú, y todos aquellos que están vivos ahora, *experimentan*. No hay sólo un "futuro" existente, sino todos los futuros posibles que podrían crear.

Piensa en esto como un juego de ajedrez por computadora. Cada resultado posible de todos los movimientos posibles ya se encuentra en la programación del disco. Con cada jugada que haces determinas cómo procede el juego, pero mañana podrías poner el mismo disco en la computadora y jugar el mismo juego desde cero, realizando diferentes jugadas, y el programa respondería de una manera por completo distinta, produciendo así un "futuro" alterno, con un resultado del todo diferente.

En el juego de ajedrez digital todas las posibilidades de futuro ya existen, y tú decides cuál de esos resultados quieres experimentar con base en las jugadas que haces.

¡Vaya, otra analogía maravillosa! Incluso mi mente limitada puede empezar a concebir la realidad de una nueva manera.

Tú y todos los que vivirán después de ti pueden y deben "cambiar" el futuro —¡tan sólo están *seleccionando* el futuro que eligen, con base en las jugadas que hacen!—, afectando a todos aquellos con quienes vivan y a quienes vivirán después de *ellos* —y así sucesivamente, a lo largo del tiempo.

Cuando dije que todo lo que ha sucedido, que está sucediendo y que sucederá está pasando *ahora mismo*, me refería a "todo" en la más amplia expresión de la palabra. Esto incluye todas las posibilidades y todos los resultados y todos los futuros que puedas imaginar —y algunos que ni siquiera logras concebir.

¡Así que el futuro está asegurado! Sabemos que existe de una forma u otra, según las "jugadas" que hagamos.

El futuro está asegurado. Pero tú decides *cuál* "futuro" experimentas.

No estamos hablando de "predestinación". No existe Un Solo Futuro para el cual no tuvieras otra opción más que llegar a él. Existe El Futuro que estás creando y experimentando, con base en las acciones y las decisiones que tomas.

A menudo has dicho: "Suceden muchas más cosas de lo que es evidente a simple vista", y no bromeabas. Hablabas *de modo literal.*

En efecto. Y ahora tu percepción ha aumentado hasta el punto en que comprendes cómo es que yo *podía* decir eso de manera literal.

Así que, si te importa cómo será tu futuro en la Tierra, empezarás a construir ese particular "futuro" afectando y cambiando las condiciones "ahora".

La vida jamás terminará, porque la Vida no tiene un "inicio" *ni* un "final". Pero en tu estado actual de conciencia sólo experimentarás una vida a la vez. Lo que tu vida presente te aporta a ti y a todos los que viajan a tu lado a través de la Continuidad Espacio/Tiempo depende de ti y de ellos.

Me estás haciendo pensar al respecto, y ahora recuerdo que mucho de lo que dices se encuentra en la transcripción de *En casa con Dios*. Lo busqué y ahí nos dices con claridad:

> No hay nada misterioso en el universo una vez que lo miras de frente, una vez que lo miras de manera multidimensional. Esto no es fácil para ustedes porque se han colocado a sí mismos en un cuerpo, dentro del Espacio y el Tiempo, mirando, percibiendo y moviéndose en las direcciones limitadas de las que el cuerpo es capaz. Y sin embargo tu cuerpo no es Quién Eres, sino algo que tienes.

Sí, y eso no es todo lo que está siendo compartido aquí que ya te he dicho antes. Pero ahora, en esta conversación, estás reuniendo muchas de todas esas cosas, capturando y volviendo a dotar de energía el impulso principal de nuestros intercambios anteriores.

Tú y otros pueden usar este resumen como una referencia rápida, un recordatorio sólido y una herramienta poderosa para cualquier persona que haya decidido cobrar conciencia del hecho de que *están* despiertos, y comprometerse con humildad a ayudar en lo necesario para el despertar de la conciencia de otros.

29

Permíteme volver a hablar un momento acerca de aquellas entidades que han avanzado, pero no necesariamente evolucionado, que viven en otros planetas del cosmos. Dijiste que algunas siguen siendo violentas, incluso como la especie humana en la Tierra, aunque hayan avanzado enormemente en sus tecnologías. Así que debo preguntar...

¿Por qué a estos seres sensibles se les permitió llegar tan lejos en el desarrollo de su civilización antes de ser ayudados? ¿Por qué los Seres Altamente Evolucionados de Otra Dimensión no se acercaron a ellos cuando eran tan jóvenes como lo somos ahora los Terrícolas para que sanaran o transformaran su comportamiento inmaduro y violento?

Así fue, Querido Mío. Se acercaron.

¿Y eso no ayudó? No entiendo. Si eres Dios, y si estos SAE —¿cómo puedo llamarlos...? Estos *emisarios*— son una de las muchas formas de la Divinidad, expresando y experimentando Quiénes Son en Realidad a través de ayudar a otras formas de vida a que evolucionen, ¿cómo puede ser que ese esfuerzo no haya producido un cambio en la conciencia de aquellas entidades avanzadas para que abandonaran esa violencia?

Todos los seres del universo —y, por extensión, todas las civilizaciones— tienen Libre Albedrío, ¿recuerdas?

La característica fundamental de todas las formas sensibles de vida es la libertad. La libertad de crear cualquier realidad que elijan.

Cuando eran tan jóvenes como la civilización de la Tierra, muchas de las civilizaciones que tienen mayor edad no eligieron despertar a su Verdadera Identidad.

Pero creí que Dios no podía fallar. Quiero decir *en nada*. La idea de que existe la derrota es una de Las Diez Ilusiones Humanas. Entonces, ¿cómo es que los esfuerzos de los SAE de Otra Dimensión no inspiraron a seres avanzados, aunque no del todo evolucionados, seres que viven en otros planetas en el Ámbito de lo Físico, para cobrar conciencia frente a su Divinidad como un asunto de su Libre Albedrío?

Ninguno de sus esfuerzos careció de beneficios. Sí inspiraron a muchas entidades individuales. Pero la civilización, como un todo, continuó por otro sendero. Sin embargo —para contestar tu pregunta acerca de las "fallas" de Dios—, entiende que, en última instancia, todos los seres sensibles en el universo eligen de manera libre acoger su Divinidad.

¿Lo hacen?

Sí. La cuestión no es si elegirán con libertad, sino si lo harán antes o después de haber causado tanto daño a su civilización —o debido a eso— y al planeta donde habitan, y antes de que la vida como la conocen resulte alterada para siempre.

En muchos sentidos, toda la *idea* es acabar con "la vida como la conocen" —pero intercambiándola, por supuesto, por una forma de vivir nueva y más gozosa, nacida de una manera de *ser* nueva y transformada.

Así que no es cuestión de *si* los Seres Altamente Evolucionados que existen en Otra Dimensión dotan o no de conciencia a aquellas otras especies físicas, sino de *cuándo* lo hacen.

Podrías plantearlo de esa manera, sí.

¿Y *eso* qué significa?

Significa que, en el esquema de tu actual comprensión del tiempo, podrías plantearlo de esa manera.

Ah, sí, acabamos de hablar al respecto. ¡Así que, en cierto nivel, esto ya sucedió!

Y, como hemos visto, nada ocurre en secuencia. Todo sucede en forma simultánea. Tu experiencia individual de esta realidad aparece ante ti como secuencial, aunque la realidad existe en su totalidad de manera simultánea. Por lo tanto, la cualidad de la vida es "secuencial".

Bueno, si el "futuro" ya ha sucedido, entonces tú, como Dios, debes saber con antelación *todo* lo que ha "pasado". Entonces dinos ahora en qué resulta, y así podríamos acabar con todas nuestras preocupaciones, dudas, inquietudes e intentos…

No haré tal cosa.

¿Por qué? ¿Por qué todo es un *gran secreto* y no dejas salir al gato del costal?

No, porque todos los resultados *concebibles* han ocurrido ya, y aquel que experimentarán *tú* y los demás en esta vida es el que ustedes elijan

—y no haré nada para adelantar esa elección ni su ejercicio de esa decisión—. Siempre les dejaré a ustedes la decisión.

Ésta es la verdadera Devoción. Ésta es la verdadera experiencia de la Divinidad. Y es ésta la experiencia que yo deseo para ustedes.

De acuerdo. Aceptaré eso y lo dejaré de lado. ¿Podemos hablar por ahora en el contexto de una realidad secuencial, la realidad que experimento en mi vida?

Podemos hacerlo y lo estamos haciendo.

Bien. A partir de este esquema, ahora entiendo que los Seres Altamente Evolucionados han elegido ayudar a los Terrícolas a adquirir conciencia de Quiénes Somos en Realidad. Entiendo también que tenemos la elección de despertar esta conciencia antes de dañar nuestra civilización y nuestro planeta de tal forma que "la vida como la conocemos" se desensamble y desaparezca.

Supongo que, si no despertamos ahora, durante esta etapa de nuestro desarrollo cósmico, podríamos terminar viviendo esta vida igual que muchas otras especies más viejas lo hacen en el ámbito físico, volviéndonos cada vez más violentos a pesar de volvernos más y más avanzados.

Tus últimas trece palabras son la descripción de cómo van las cosas en tu planeta en estos momentos.

Sí, cada vez nos volvemos más violentos en la medida que somos más y más avanzados. Ésta es la parte triste de todo esto.

Conforme desarrollamos cada vez más nuestras tecnologías y armas de destrucción masiva, podemos volvernos tan violentos que nos aniquilemos por completo.

No. No del todo. El Albedrío Superconsciente de tu especie no lo permitirá. Ninguna especie jamás se aniquila a sí misma de manera total, completa y absoluta. Quizá deberán encontrar una forma de migrar a otro lugar habitable en el cosmos, con un puñado de humanos, pero la especie jamás se aniquilará por completo.

Sin embargo, ya han llegado a un punto muy cercano a la aniquilación. La civilización humana ya ha estado muy cerca de eso.

¿Estamos hablando de Lemuria? ¿Y la Atlántida?

Así es.

De modo que nuestro trabajo debe frenarse en seco aquí mismo. Quizá no desaparezcamos como especie, aunque podemos ocasionar un gran daño si lo decidimos.

Es correcto. En la actualidad eso es lo que la mayoría de la humanidad ha decidido hacer. Sin embargo, muchos seres sensibles hacen cosas que no tienen relación con sus elecciones.

¿Recuerdas la analogía de los niños con cerillos?

Sí.

Los niños pequeños que encienden cerillos y prenden un fuego que incendia la casa no eligieron hacerlo. Eso puede ser el resultado de sus acciones, mas no es lo que ellos eligieron hacer. Y la única razón por la que la casa se redujo a cenizas fue porque los bomberos no llegaron a tiempo.

En tu caso —en el caso de tu civilización— los bomberos ya llegaron.

De eso se trata la Tercera Invitación. Tú eres un bombero; tú y otros como tú en la Tierra, quienes se identificarán con el compromiso de ayudar al despertar de la especie.

Si ése es el caso, necesito pedirte que esta conversación se vuelva más personal. ¿Recuerdas cuando dijiste que debía tener cuidado y no enfocarme tanto en los aspectos fascinantes de lo que hemos discutido, ya que perdería la noción de lo que es importante para mí obtener a un nivel personal, y que me ayudará a continuar con mi propio despertar?

Sí.

De hecho, mencionaste el tema de la integración total, y justo de eso quisiera hablar contigo ahora. Y supongo que quizá otros que se han identificado a sí mismos tendrán la misma pregunta que yo —o las mismas inquietudes, si no es poco amable con ellos que lo plantee así.

Adelante. Aquí estoy.

30

¿Cómo es que ellos y yo podemos integrar todo esto? Nos han sido dadas algunas nociones grandiosas acerca de cómo podríamos vivir los humanos si fuéramos una especie consciente, pero la cuestión ahora es la siguiente: ¿cómo hacemos que funcione en la vida cotidiana?

Si yo pertenezco al cuerpo de bomberos, necesito modificar mi propio comportamiento antes de empezar a pensar en producir cualquier tipo de cambio en el planeta. Gandhi estaba en lo correcto. Necesito ser el cambio que quiero ver en el mundo. Pero no lo he logrado a mi entera satisfacción. Me doy cuenta de que la información es una cosa y la integración es otra.

La gran tristeza de mi vida consiste en no haber sido capaz de integrar por completo todo cuanto he aprendido y comprendido como resultado de nuestras conversaciones. No he sido capaz de convertirlo en una parte consistente de mi vida. Me refiero a mis *interacciones* cotidianas, no sólo a mis *pensamientos* cotidianos.

Y esto es lo que *no* quiero hacer. No quiero compartir con otros mensajes que de hecho no puedan ser vividos y demostrados. No me interesa hacer castillos en el aire, poco prácticos, metas inalcanzables que no puedan implementarse.

Esas metas son posibles, te lo prometo. Los humanos promedio, normales, han vivido sus vidas en las formas descritas aquí.

Quizá así sea, y me alegra saberlo, pero en mi experiencia ha sido un inmenso desafío. Por ejemplo, te he escuchado decir que yo soy Amor y que *todos* somos Amor; que el Amor es aquello de lo que estamos hechos, que es Quienes Somos. Bueno, yo *pienso* que soy una persona amorosa, que *quiero* ser una persona amorosa, que *intento* ser una persona amorosa, pero a menudo digo o hago cosas o *soy* algo que, simple y llanamente, no es muy amoroso.

O bien no estoy amando la Tierra o no estoy amándome a mí mismo o, la opción más triste para mí, actúo en una forma no muy amorosa hacia el prójimo.

Quiero superar esto. Quiero dejarlo atrás. Quiero ir más allá. Estoy entrando en el primer tercio de mi séptima década en esta Tierra y en verdad deseo ver más progreso. ¿Qué *tanto más*, ¡ay, Dios!, tomará eso?

Estás siendo demasiado duro contigo mismo. Muchos de quienes te conocen dirían que eres una persona amorosa. Y también todos los que han sido atraídos a esta conversación o que se han encontrado a sí mismos siguiendo este diálogo "por casualidad".

Y eso es verdad para todos en la Tierra. Tú eres, todos ustedes son mis hijos maravillosos, creciendo y volviéndose cada día más su Verdadero Ser Divino.

Es como te dije durante nuestra primera conversación...

Tú eres bondad, misericordia, compasión y entendimiento. Eres paz, goce y luz. Eres perdón y paciencia, fuerza y valentía, un ayudante en tiempos de necesidad, quien consuela en momentos de amargura, quien sana en tiempos de heridas, un maestro en tiempos de confusión. Eres la sabiduría más profunda y la más alta verdad; la mayor paz y el más grandioso amor. Eres todo esto. Y en momentos de tu vida te has conocido a ti mismo como eso. Elige ahora conocerte a ti mismo siempre como todo esto.

Lo intento. De verdad lo intento. Todos lo hacemos. Pero creo que no he encontrado la fórmula. No creo haber encontrado cómo, en la cotidianidad, ser consistentemente quien quiero ser, quien sé que soy. ¿Puedes ayudarme? Me siento a la deriva.

Puedes empezar por permitir que esta conversación tenga un beneficio duradero. Lee a menudo el manuscrito que has hecho de ella. Presta atención a la lista de las dieciséis maneras en que las especies despiertas actúan. Pon particular atención en tu vida personal respecto a los puntos 1, 2, 3, 4, 8, 12, 14, 15 y 16.

Gracias. Lo haré. Haré exactamente eso. Pero ¿hay alguna otra cosa que puedas decirme, alguna otra idea que puedas ofrecerme?

Sí. Número uno, asume tu vida entera como el proceso, no sólo como un pequeño periodo dentro de un todo. Así que no pretendas completar la integración de cuanto has comprendido durante el próximo año o mes o semana o día. Permite que tu proceso se tome el tiempo necesario.

Yo no llamaría a eso un estímulo emocionante para alguien impaciente.

La impaciencia no resulta tan beneficiosa cuanto te impide reconocer lo lejos que has llegado y lo rápido que lo has hecho, y si no te permite que eso te inspire acerca de tus días venideros.

En otras palabras, ser amable conmigo mismo.

En otras palabras, ser amable contigo mismo. Date cuenta de dónde estabas antes en tu vida, dónde estabas apenas hace unos años y dónde te encuentras ahora. Tu progreso ha sido exponencial. No has avanzado a un paso de 1-2-3-4; lo has hecho a uno de 2-4-8-16-32.

Esto aplica para todos quienes siguen esta conversación. De hecho, es el porqué y el cómo han llegado a hacerlo. No siguen este intercambio "por casualidad". Se han traído a sí mismos hasta esta experiencia. Todos ustedes están entrando en El Momento Perfecto para Avanzar.

Será más fácil a medida que se dirijan hacia delante. La mayor parte de la montaña, la más difícil de escalar, está detrás de ustedes.

Gracias. Gracias por decirnos esto. Pero ¿podrías darme cualquier herramienta práctica, *método* o acercamiento que pueda utilizar para integrar mejor todo lo que entiendo como verdad? Estoy en busca de *congruencia*. No quiero hablar por hablar: quiero poner manos a la obra.

¿Y no crees que ya lo haces?

Quizá a veces. De vez en cuando, cuando estoy en un espacio en verdad bueno. Pero quisiera hacerlo a diario. Anhelo hacerlo todo el tiempo.

Lo haces todo el tiempo, ¿no lo ves? Tu batalla forma parte del proceso. Forma *parte* de hacerlo todo el tiempo. Si no estuvieras poniendo manos a la obra todo el tiempo, no habrías logrado poner atención en nada de esto durante más de diez segundos.

En este preciso momento el mundo entero atraviesa un cambio evolutivo, y no eres inmune a eso. Eres parte de eso. Sin duda eres parte de aquello que lo está creando. Todos los que están involucrados aquí y ahora se han elegido a ustedes mismos para ser parte de esto.

Así que ten paciencia contigo y paciencia con el proceso. Todos se dirigen justo a donde pretenden y todos llegarán, y todos —cada uno de ustedes— están llevando a los demás a su lado con dulzura y amabilidad, a medida que ellos ven los cambios en ustedes y se sienten inspirados para cambiar.

Si vieran que aparecieras *de pronto* como El Perfecto Ejemplo de Alguien Despierto, podrían *admirarte*, pero nunca se verían a *sí mismos* ahí. Por lo tanto, ¿no ves que atraviesas tus batallas por ellos? ¿Te das cuenta de que hacer eso les sirve?

Entonces no pidas que tu lucha termine. Pide que tus batallas sean más evidentes, más visibles y que salgas bien librado de ellas, y así todos ustedes despertarán a la especie que se pregunta si semejante proceso es posible —y verán en ti que sí lo es.

Tienes una manera de hacer sentir mejor a todos.

Bueno, ¿si yo no pudiera hacer eso, quién podría?

Gracioso. En verdad puedes ser gracioso, ¿lo sabías?

Eso me han dicho.

Pero, en verdad, ¿no podrías darme algunas herramientas? ¿Algunos métodos que podamos usar para al menos mantener avanzando el proceso de evolución personal?

Sabes que no existe "la vía correcta" hacia la cima.

Sí, lo sé. Lo has dejado claro varias veces. Pero de seguro puedes ofrecernos algunas opciones, algo que podamos considerar.

Tras esta solicitud, aquí hay cinco…

Comparte tu Proceso.

Como lo hablamos en una parte previa de este intercambio, y a lo cual nos referimos hace unos momentos, comparte de manera abierta y auténtica, con aquellos cuyas vidas son tocadas por ti, tus batallas y tus progresos en la vía de la completa adquisición de conciencia. La decisión de hacerlo te llenará de poder y te emancipará, liberando de modo maravilloso la Voluntad Interior para expresar esa Divinidad que es tuya, y liberando en los demás su propio deseo y habilidad para lograrlo.

Crea una Razón.

Muchas veces, los desafíos del sendero que has elegido pueden parecer todo menos dignos de afrontar, a menos que los proveas de un mayor significado que tan sólo triunfar sobre ellos. La pregunta que debes plantearte es: "¿Por qué?", y entonces debes responderla.

Te digo lo siguiente: tu sendero no carece de propósito en los cielos. Por cada alma que sepa en su experiencia aquello que siempre ha comprendido en su despertar, que no es sólo para su propio plan, sino para el Albedrío Colectivo Superconsciente, avanzando en la evolución de una especie incluso mientras se obtienen logros individuales, en el camino de ese avance dejará marcados los escalones y las huellas por los cuales podrán ir más rápido aquellos que la siguen.

Expresa Gratitud.

Ésta es la herramienta más poderosa que te podrá ser otorgada. La gratitud puede ser una energía seleccionada y no sólo una respuesta autónoma. Cuando elegimos activamente ser agradecidos por cuanto se nos presenta en la vida —y me refiero a *todo*—, esto detona una señal energética que regenera e impacta en la energía de lo que sea que emerja. Esto puede transformar (definido como "transformarse, en especial de una manera sorpresiva o mágica") la presentación misma, por no mencionar nuestra vida completa.

Elige una Manera de Ser y Estar.

Haz esto por adelantado, antes de cualquier cosa que sepas que pensarás, dirás o harás. La vida tiene poco que ver con lo que estás haciendo y mucho que ver con lo que estás siendo mientras lo haces. Lo sorprendente es que, a través de la sola intención, "ser y estar" se transforman en una reacción a la creación. Ya no es algo que surja de una experiencia, sino algo que tú añades a la experiencia.

Y una herramienta final para la integración...

Déjate guiar por el alma.

A menudo respondes a lo que suceda en tu vida —ya sea una enfermedad, una frustración, una feliz sorpresa o lo que sea— desde el centro lógico de tu mente. Analizas la información que tu mente recoge en relación con la experiencia que tiene a la mano, y ése es el lugar desde el cual emerge tu reacción.

Puedes cultivar la habilidad de responder desde el centro de sabiduría de tu alma. Aquí la información vinculada con la experiencia es ilimitada y expansiva, e incluye consideraciones y entendimientos que acaso la mente no haya concebido.

El alma es donde todo cuanto sabes *ya está* integrado, y tan sólo espera la manifestación externa de eso. Así que, cuando algo te esté confrontando —algo a lo que llames "buenas noticias" o algo a lo que llames "malas noticias"—, dedica un momento e instruye a tu mente para dejarte actuar como si estuvieras fuera de ella. Entonces percátate de la forma en que tu respuesta emerge *sin pensar*, produciendo una demostración espontánea de la sabiduría y la conciencia de tu alma.

31

Adoro esto. Lo *adoro*. ¡Ahora estamos hablando! ¡Ahora ya tengo algo de equipo para terminar de escalar la montaña! Esto es *genial*. ¿Y sabes qué? Se me ocurrió mi propia versión de esta última herramienta.

¿En verdad? ¿La ideaste tú solo?

Bueno, parece que sí, yo solo.

De acuerdo, pues así debe ser. Adelante.

Mm… ¿Estás diciendo que…?

No, no, continúa. Dime qué se te ocurrió "a ti solo".

Supongo que comprendo de modo intuitivo que existe una vía a través de la cual podría incorporar a mi vida cotidiana la experiencia de aquello que sé que es verdadero. Hace algunos años elaboré la que llamo La Indagación Mágica. La utilizo para realizar una valoración instantánea y saber si lo que acabo de hacer, estoy haciendo o estoy por hacer… bueno, aquí está la palabra de nuevo… resulta *congruente* con mi deseo más profundo.

Antes de sentarme a ver una película, entrar a un evento social, preparar una comida, tener una conversación con un ser amado o hacer cualquier cosa que me parezca de importancia coyuntural, me pregunto a mí mismo: "¿Y qué tiene que ver esto con el Plan de mi alma?".

Ésa es una gran pregunta, que puede abrir a cualquiera a una poderosa exploración interior.

Bueno, para mí la respuesta casi siempre se ha aclarado de inmediato, porque sé que el plan de mi alma es expresar y experimentar la Divinidad en mí, a través de mí y como lo que soy. Esto establece al instante un contexto en el que puedo crear y experimentar la situación en cuestión —o eliminarla por completo de mis actividades.

La razón por la cual he decidido llamarla La Indagación Mágica es porque *es* casi como magia, ya que dirige de golpe mi atención hacia lo que sucede justo en ese momento presente, como ningún otro recurso que haya encontrado.

O recibido.

O recibido.

Dejaré que eso repose ahí. Tan sólo lo dejaré reposar.

Buena idea. Otra buena idea que se te ha ocurrido.

Te estás haciendo el gracioso de nuevo. ¡Lo estás haciendo *de nuevo!* ¡Me encanta! Me gusta eso de ti. Así que déjame preguntarte qué buena idea me puede haber sido dada al respecto…

¿Cómo puedo decidir con antelación lo que haré antes de *pensar* en algo? Me refiero a que tu cuarta sugerencia… elegir de antemano una Manera de Ser y Estar, incluyendo la forma en que "seré y estaré" cuando esté pensando en algo... ¿no es pedir demasiado? Puedo decidir lo que haré antes de *decir* algo... Lo entiendo. Y puedo decidir lo que seré antes de *hacer* algo... También lo entiendo. Pero no sé lo que pensaré antes de *pensarlo*.

¿Me explico?

Lo sabes si imaginas que todos tus pensamientos son originales la mayor parte del tiempo. Pero el hecho es que ya antes has tenido la gran mayoría de tus pensamientos. Esto se debe a que la mayor parte de los eventos en tu vida sucedieron antes, en términos del tipo de eventos.

Muy a menudo, cuando ocurre un evento de cierto tipo, de inmediato piensas en lo que pensaste antes acerca de ese evento. Muy pocos pensamientos son originales, porque muy pocas experiencias son originales. Casi todo el tiempo tu vida está en Repetición.

Como sabes que esto es verdad, puedes decidir con *antelación* qué pensarás la próxima vez que suceda un evento con posibles consecuencias reales y cualquier grado de predictibilidad.

El Maestro es quien sabe y elige la forma en que él será en sus pensamientos —¿se mantendrá tranquilo, se mantendrá comprensivo, será amoroso y demostrará aceptación, será adaptable y pacífico?— la próxima vez que un evento así ocurra en su vida.

Entiendo. Y creo que en cierto nivel siempre lo entendí. Tal vez por eso se me ocurrió por mi cuenta una segunda herramienta. Ésa es buena. ¿Acaso alguna vez estoy "por mi cuenta"?

No.

Bueno, entonces he aquí la segunda herramienta que llegó a través de mí. La llamo Las Cuatro Preguntas Fundamentales de la Vida:

1. ¿Quién soy?
2. ¿Dónde estoy?
3. ¿Por qué estoy donde estoy?
4. ¿Qué pretendo hacer al respecto?

Me he dado cuenta de que, cuando me hago estas preguntas y las respondo de nuevo cada vez que las elaboro, casi de inmediato me muevo a un lugar de ser y estar —odio usar esta frase, porque es muy usada y está casi trillada, pero la diré de todas maneras—, un lugar para ser y estar "centrado". Me siento centrado en Mí Mismo y no tan enredado con los minidramas y microdilemas de la vida.

Eres y estás "en este mundo, pero no eres de él".

Exactamente.

Ésas son dos herramientas muy buenas. En verdad pueden ayudarte a entender cómo usas tu tiempo —y lo que estás siendo mientras lo usas.

¡Y ahora tengo aún más herramientas! Todos aquí podemos encaminarnos si usamos una o dos de estas ideas.

En efecto, pueden hacerlo. Y por supuesto que ya están en camino para hacerlo, aunque entiendo el sentido de tu frase.

Quiero recordarte que todos ustedes ya están despiertos. Tan sólo necesitan comenzar a actuar en consecuencia. Estas herramientas pueden ayudar.

Todo este diálogo puede ayudar. Las cosas que hemos recordado durante esta conversación contigo pueden ser inmensamente útiles. Puede haber un enorme poder en conocer y acoger algunas de las ideas que este maravilloso diálogo contiene. Ideas como: "No estás en tu cuerpo", "La supervivencia no es tu instinto básico, la expresión de la Divinidad lo es", "Mira al otro como a ti mismo", "La vida es eterna y, debido a que jamás puedes perderla, no tienes nada que perder si eres compasivo, amoroso y reconfortante en cada circunstancia", y así sucesivamente.

Supondré... concluiré... que si tan sólo usara las herramientas que me han sido dadas en esta vida, si pudiera actuar la mayoría de las veces como si ya estuviera despierto... podría sentirme libre incluso mientras estoy en este cuerpo. Antes me dijiste que explorarías eso conmigo. ¿Llegué a la conclusión correcta?

Así es. La libertad no es conseguir lo que quieres, sino querer lo que consigues.

He escuchado eso antes.

Ya has escuchado antes casi todo lo que se dice aquí. Te sentirás alegre y libre cuando sencillamente apliques en tu vida lo que ya sabes. Y... para ofrecer una repetición *más*... la forma más rápida de aplicar esto a tu vida consiste en ayudar a alguien más a aplicarlo a su vida.

Veo el círculo. Veo todo el proceso circular. Y me siento escuchado y ayudado. Gracias. Me siento escuchado y ayudado... Y creo que eso es todo lo que cualquiera de nosotros necesita para sentirse dispuesto a continuar.

Así que, dicho lo anterior... hay una última cosa. Y es algo que debo preguntarte, porque... disculpa, tengo que decirlo... es algo que me ha estado molestando a partir de los intercambios que hemos tenido aquí.

¿Qué hay con el cielo? ¿Qué hay de regresar a casa *contigo?*

Este diálogo parece haber reducido "morir" a nada más que un proceso para trasladarse de un estado del ser (físico) a otro estado del ser (metafísico). Eso puede resultar útil e incluso fascinante en un nivel, pero ¿qué pasó con *regresar al hogar con Dios?*

32

Desde que se publicó la transcripción de *En casa con Dios* he añorado tu abrazo, que me cobijes de regreso hacia tu corazón. He deseado tanto regresar al Hogar, estar Contigo y con todos aquellos a quienes he amado cuando hice aquello a lo que llamo "morir". ¿Ahora me dices que la "muerte" es tan sólo la vida que continúa —*interminable*—, mudándome de ida y vuelta de una existencia a otra por toda la eternidad?

Entiendo que parezca poco deseable, pero lo que aquí se ha dicho acerca de las entidades que encarnan y desencarnan no incluye el "capítulo intermedio" de la historia.

Mm... ¿Y no creíste que debía ser incluido?

Sí, y no iba a permitir que te alejaras de aquí sin abordar ese tema. Pero sé lo impaciente que eres, y estábamos profundizando en exploraciones metafísicas acerca de la diferencia entre los Seres Altamente Evolucionados y los humanos, sobre todo en cómo se relaciona con materializarte y desmaterializarte a voluntad, y querías cubrirlo a profundidad. ¡Así que lo hicimos! Ahora que esto fue explicado, podemos volver a hablar de lo que sucedió en ese momento al que llamas "muerte".

Si no lo hubieras preguntado, yo habría tocado el tema.

¿Esperas a que yo haga las preguntas antes de decirme algo que piensas que será de sumo beneficio para mí? *Eso* es interesante ¡¿Qué sucedería si no hiciera las preguntas correctas?!

Bueno, de hecho yo inspiré tus preguntas. Lo he estado haciendo desde el principio. Tú escuchas muy de cerca tus inspiraciones y actúas en consecuencia. De modo que las probabilidades de no formular las preguntas eran mínimas.

Bueno, me alegra que las inspiraras, porque algunos de los que han caminado por este diálogo con nosotros quizá no hayan leído *En casa con Dios*. E incluso aquellos que sí lo *hicieron* acaso se estén preguntando —como lo hacía yo hace unos momentos— dónde es que nuestra increíble, cálida "reunión" contigo, nuestra experiencia de regresar al hogar encaja en todo esto.

Y me doy cuenta de que, por supuesto, tu maravillosa descripción de lo que sucede después de que "morimos" llena un libro entero, así que no puede repetirse aquí. Por lo tanto, estoy pensando en agregar un anexo a este texto y enlistar todos los libros que han constituido nuestra serie de diálogos, con una descripción de los temas cubiertos en cada uno de ellos.

Ésa es una muy buena idea. Me pregunto de dónde salió...

¡Estoy entendiendo! ¡Estoy entendiendo! ¡Veo cómo se va construyendo este diálogo! Así que, por favor, ahora danos un resumen de cómo es que nuestra experiencia de estar en casa de nuevo, contigo, encaja con estas nuevas revelaciones que nos has ofrecido aquí.

También has dicho que los seres humanos cambiamos a *voluntad* de manifestaciones físicas a metafísicas, justo como lo hacen los Seres Altamente Evolucionados de Otra Dimensión —sólo que nosotros lo llamamos "nacimiento" y "muerte"—. Aun así consideramos cada una de estas "transiciones" como aquello que etiquetamos como *una vida* y no experimentamos el abandono de nuestra propia forma física "a voluntad". Experimentamos que sucede *en contra* de nuestra voluntad.

Lo sé. Por esta razón ése era el punto central de la conversación que transcribiste en *En casa con Dios.* Para repetir lo que se dijo con anterioridad ahí y en esta misma conversación: nadie muere en un momento ni de una manera que no sea de su elección.

De nuevo, sé que no es un concepto fácil de asumir, pero dado Quien Eres y lo Que Eres, sería imposible morir de una manera y en un momento que no fuera de tu elección.

Todas las revelaciones en el trabajo que llamé Conversaciones con Dios descansan en la premisa única de que todos nosotros somos Individualizaciones de la Divinidad. En otras palabras, Dios manifestado como humanos.

Y no sólo como "humanos" como los conoces. Todos los seres sensibles en el cosmos son manifestaciones de Lo Único Que Existe.

En otras palabras, Dios.

En otras palabras, yo. Sí.

Y a pesar de eso, según lo que has dicho, algunos de esos seres son violentos.

Sí, porque a todos los seres sensibles les es dado el Libre Albedrío, y no todos lo usan de una manera pacífica.

Por otra parte, no todos los seres sensibles en otros planetas en el Ámbito de lo Físico son violentos. Hay civilizaciones que no lo son.

Si tu más grande proclividad es encontrar y crear paz, gentileza y amor en tu vida, y colocarlos en las vidas a tu alrededor, estos otros seres sensibles resuenan contigo desde lejos.

¿Pueden sentir mi energía desde esa distancia?

Absolutamente. La energía que emana desde el corazón de tu ser alcanza profundidades en el cosmos y se extiende hasta el infinito. Ahora mismo tus propios científicos están desarrollando instrumentos capaces de recibir señales interestelares del espacio profundo. Miembros de civilizaciones avanzadas en la dimensión física se han convertido a sí mismos en "estaciones receptoras". Y cuando identifican una fuente particular de esa energía que tú llamas paz, ésta resuena en la forma en que se experimentan a sí mismos. Así, estas civilizaciones reflejarán toda esa energía de regreso, magnificada, para indicarte que no estás solo, que eres respaldado en tu experiencia.

Algunas personas muy cercanas a mí tienen la gran certeza de que estas civilizaciones existen, y las llaman "familia estelar".

Es una descripción muy apta. Y los miembros de esta familia se sienten muy contentos de saber que Seres Altamente Evolucionados de Otra Dimensión también ofrecen su asistencia, a menudo de una manera más directa, que elimina el hueco entre tu planeta y otros en el ámbito de lo físico, dado que los SAE han superado las limitaciones artificiales del tiempo y el espacio.

Ahora bien —para regresar al tema que nos concierne—, cuando aquellos en el Ámbito de lo Físico desencarnan, tan sólo se re-identifican. Te he dicho antes que la muerte es sólo un proceso de re-identificación.

En otras palabras, durante nuestra vida en la Tierra hemos estado viviendo "un caso de identidad equivocada".

Exactamente. Y después de lo que llamas "muerte" vuelves a cobrar vida como Quien Eres en Realidad, y regresas al lugar que has llamado "hogar" —reuniéndote primero con todos tus seres amados y luego con El Todo.

Y me refiero a que *literalmente* te reúnes. Te fundes conmigo y tienes la experiencia —no sólo el conocimiento o la noción, sino la *experiencia*— de nuestra Unidad y Particularidad.

Describí con exactitud cómo sucede esto en el diálogo que tuvimos y que convertiste en el libro *En casa con Dios.*

Sí, y este recordatorio es muy útil aquí.

Bien. Entonces recordarás que después del Momento de Fusión conmigo, después de la experiencia completa de Unidad, tú te desprendes de mí y *emerges* si así lo deseas. Así, en un sentido muy real, "renaces" como un alma individual.

¿Por qué te dejaría? ¿Por qué me separaría de esta perfecta unión con Dios si eso es lo que habría estado añorando todo el tiempo? Por favor explícame esto de nuevo.

Lo que tu alma anhela es la *expresión* de tu Divinidad. Una vez que la conoces por completo, una vez que has re-memorado —es decir, experimentarte a Ti Mismo una vez más como miembro del Cuerpo de Dios—, te poseerá un anhelo natural de *expresar* eso.

Éste es el deseo fundamental de Dios: evidenciarme a Mí Mismo. No estar sólo consciente de Mí Mismo, sino expresarme a Mí Mismo.

Lo logro a través de la individualización de Mí Mismo, de manera que pueda demostrar y expresar cada una de mis partes.

Entonces, a la parte de Mí que Eres Tú le será dada la opción de regresar a la vida física que recién dejó —lo describirías como una "experiencia cercana a la muerte"— o de continuar hasta el Ámbito de lo Espiritual y luego, en otro momento, regresar al Ámbito de lo Físico.

Claro, todo esto sucede en un abrir y cerrar de ojos si lo miras desde la ilusión de la secuencialidad. En la Realidad Última todo sucede en forma simultánea.

¿Y todas esas formas de vida sobre las que hemos estado discutiendo eligen ir a esa "Otra Dimensión"?

Sí. Éste es el tercer ámbito en el Reino de los Cielos —el Ámbito del Ser Puro, como tú lo has conceptualizado.

¿Y nosotros, los humanos, tenemos la opción de existir en el Ámbito del Ser Puro cuando emergemos de la Unidad contigo?

Sí, la tienen. Pueden continuar experimentando la eterna Vida en el Ámbito de lo Espiritual, en el Ámbito de lo Físico o en el Ámbito del Ser Puro.

Y, entonces, ¿por qué elegiría existir en esa Otra Dimensión? ¿Por qué no escogería el Ámbito del Ser Puro? Después de todas las formas maravillosas en que lo has descrito, ¿por qué siquiera decidiría regresar *aquí*?

Porque deseas experimentar el término de esa porción del Viaje del Alma, que sólo puede ser emprendida en *tú* dimensión, el Ámbito de lo Físico.

Por esta razón considerarás que es una bendición estar aquí, justo donde estás ahora.

Y, por supuesto, *es* una bendición. Y se vuelve una bendición mayor cuando eliges bendecir a otros a través de tu estancia en este lugar.

Es durante este siguiente periodo en la Tierra cuando algunos de ustedes se elegirán a ustedes mismos para hacer justo eso de manera intencional. Esto forma parte del despertar de la especie. Todo esto forma parte de la Tercera Invitación.

33

Tu breve resumen acerca de tu detallada conversación previa conmigo respecto a la experiencia después de la vida me evidencia cada vez más que el elemento clave —me refiero al elemento de *vital* importancia— del proceso de adquisición de conciencia es comprender que la vida no tiene un final... nunca, nunca, *nunca*. Porque, cuando lo entendemos y lo vivimos, todo cambia.

La trascripción completa de *En casa con Dios* es un texto sobresaliente que puede modificar el entendimiento total que uno tiene de la vida, y que puede ofrecer un gran consuelo a cualquier persona, o familiar de una persona, que enfrente el final de la vida, así que desearía que todos lo leyeran.

Y mientras que esta afirmación de que la vida nunca acaba se ha recalcado una y otra vez, no estoy seguro de que se haya enfatizado lo suficiente su importancia real. Esto es más que un hecho metafísico, interesante y azaroso. Resulta un entendimiento crítico y fundacional.

Sí. Todo lo que ves a tu alrededor no es más que energía expresándose de diferentes maneras. La energía no se crea ni se destruye. Siempre fue, es y será.

Aquello a lo que llamas "vida" y "muerte" es la Esencia Esencial manifestándose como Tú y tan sólo cambiando de forma.

Ahora bien, el movimiento de vida —aquello que llamas su actividad y progreso— es tan sólo un proceso de intercambio energético. La diferencia entre la dimensión donde vives, que pertenece al ámbito físico, y la Otra Dimensión es que en tu dimensión a veces el intercambio de energía es un proceso violento, mientras que en la Otra Dimensión nunca lo es. *Nunca*.

Y eso trae de nuevo aquello que has mencionado una y otra vez como "Otra Dimensión" y a los "Seres Altamente Evolucionados", quienes supuestamente nos están ayudando.

No supuestamente. De hecho.

De acuerdo, de hecho. ¿Y cómo es que esto sucede? Suponiendo que tales seres existan…

… no es una suposición, es un hecho.

Partiendo de que estos SAE existen, ¿de dónde provienen? ¿Cuál es esa "Otra Dimensión" de la que hablas todo el tiempo?

Existe una comunidad diferente por completo de seres que viven de una manera diferente por completo en el que tú considerarías un universo diferente por completo.

Permíteme aclarar esto. ¿Estás hablando de una realidad alternativa diferente por completo —o de lo que ha sido llamado un "universo paralelo"?

Algunos en tu mundo han usado esas palabras para describirlo, sí.

¿Este universo paralelo es una "imagen espejo" del nuestro, pero a la inversa?

No. "Paralelo" no significa "idéntico". Significa "a un lado de".

Lo que estás expresando como Universo Paralelo existe a un lado del universo con el cual estás familiarizado, pero de ninguna manera es idéntico, ni siquiera parecido. Por este motivo ha sido nombrada como Otra Dimensión.

Una dimensión metafísica.

Una dimensión en la cual, como exploramos antes, las entidades se expresan de manera física o metafísica, dependiendo de...

... lo sé, lo sé... *de lo que sirva a sus propósitos*, lo cual, como dijiste antes, consiste en "ayudar a los seres sensibles en el Ámbito de lo Físico en el entendimiento, expresión y plena experimentación de sí mismos y de Quienes Son en Realidad".

Dime lo siguiente. ¿Por qué los SAE eligen venir *a la Tierra*, donde la especie es tan joven y al parecer tan incapaz de aprender o renuente a recibir, incluso después de *milenios*, la fórmula básica y simple que le ha sido ofrecida para producir una vida maravillosa?

¿Por qué no ir a algún otro lado para ayudar a una especie a despertar? ¿Por qué no ir a un planeta donde las entidades sean mucho más avanzadas y acaso estén a unos cuantos pasos de aceptar el entendimiento que se requiere para cobrar una conciencia plena?

Algunos lo hacen. Tu planeta no es el único lugar que han visitado los Seres Altamente Evolucionados de Otra Dimensión.

Bien. Entonces al menos no deben enfrentar fracaso tras fracaso en una de las especies más jóvenes del cosmos.

No existe el "fracaso" en la experiencia de los Seres Altamente Evolucionados. El simple compromiso de emprender lo que sea, así como las acciones y actividades relacionadas con esto, brindan todo el sentido de logro que los SAE desean.

Es la más alta y mejor expresión del Ser que anhela un ente en este nivel de conciencia. Para llegar al resultado no es necesario que esa expresión tome una forma particular a fin de que la experiencia de la expresión sea validada, justificada o celebrada.

Qué gran punto de vista. Qué punto de vista tan sano, *sano* y saludable.

¿Nunca has hecho algo por el simple placer de hacerlo? ¿Debe surgir un resultado específico de cuanto emprendes para que resulte "divertido"?

No, no, por supuesto que no. Pero algo tan importante como ayudar al despertar de una especie entera quizá no caiga en mi categoría de un pasatiempo simple pero placentero. Es decir que muy probablemente le añadiría algún significado al resultado.

Y, por cierto, no es una consideración ociosa de mi parte. Nos has extendido la Tercera Invitación, y yo la estoy recibiendo y aceptando con el nada pequeño propósito de que quiero obtener un éxito, aunque sea mínimo.

Si la convertirás en una tarea orientada a los resultados, la volverás algo muy difícil antes de empezar siquiera.

Estarás al pendiente de cada uno de tus movimientos, sopesarás cada una de tus palabras, te preocuparás por cómo el mundo puede lograr lo que esperas experimentar en ti mismo, prepararás nerviosamente un plan B por si tu acercamiento inicial no produce el resultado deseado y luego te sumergirás aún más en el proyecto para transformarte a ti mismo, ignorante por completo del impacto metafísico de todas estas energías poco alegres y nada gozosas que has proyectado hacia el espacio.

¡Cielos! Nunca pensé en eso de esta manera.

Lo sé. Ése es el punto. Lo saco a colación para ayudarte a cambiar tu manera de pensar.

Te invito a redefinir lo que llamas "éxito" en despertar a plenitud.

Te escucho, te escucho.

Tener éxito en despertar a plenitud es saber que ya estás despierto y simplemente no lo sabes o no lo has aceptado.

Y así hemos cerrado el círculo a partir de lo que dijiste al inicio de esta conversación.

Así es, porque éste es uno de los mensajes más importantes con que puedo empezar y finalizar todas las interacciones significativas contigo.

Despertar y adquirir conciencia plena no tiene que ver con cambiarte a ti mismo, sino con cambiar lo que piensas *acerca de* ti. Se trata de saber que estás —como dije antes— entero, completo y perfecto, justo como estás ahora.

Tu trasformación personal se trata de *añadir* a lo que eres ahora, no de *restarle* a lo que eres ahora.

El éxito en cualquier área de tu vida no reside en producir lo que crees que debes producir a lo largo de tu viaje; reside en el amor, la alegría, la felicidad, el sentido de Ser Verdadero que experimentas —y que los demás experimentan en sus vidas gracias a ti— a lo largo del camino. Sólo eso puede producir el resto de lo que piensas que "se supone" que debes producir.

Estás diciendo que es el viaje, no el destino. Ésa es una idea vieja. Nada nuevo.

Todo este discurso es un recordatorio. Un Gran Recordatorio.

Cuanto se ha dicho aquí lo has escuchado antes, sabido antes y experimentado antes. El propósito de esta conversación es y siempre ha sido el mismo: transformarte en una persona que sepa lo que ya sabes —y que simplemente no has aceptado.

Por eso muy a menudo sientes que todo lo que has escuchado de mí, todo lo que has leído en cualquiera de las transcripciones de cualquiera de nuestras conversaciones es algo que ya conocías.

Esto incluye la información acerca de los Seres Altamente Evolucionados de otro lugar. Desde que eras un niño has sabido y comprendido que estos seres existen. Nada de esto es nuevo para ti.

Tienes razón. Me siento completamente bien al respecto. Y sé que no están aquí para lastimarnos. Si quisieran hacerlo, lo habrían hecho de mil maneras a lo largo de más de mil años.

Así es.

De modo que afirmas que no están orientados a los resultados. Para ellos el "éxito" no tiene que ver con producir un resultado específico.

Exacto. No tiene que ver con eso. Los Seres Altamente Evolucionados están "orientados hacia la expresión". Tan sólo buscan expresar y experimentar Quienes Son en Realidad, y una forma de hacerlo consiste en ofrecer y brindar amor y guía, ayuda y compañía a todos los seres sensibles y a quienes se mueven a través de su propio proceso evolutivo.

Ustedes están haciendo lo mismo en la Tierra.

¿Lo hacemos?

Piénsalo. Todo lo que están haciendo en la Tierra es ayudarse unos a otros como una manera de expresar y experimentar quiénes son. Se ayudan a resolver problemas, a crear una mejor vida, a sanar, a sentirse mejor, a saber más, a experimentar alegría, risas y buenos momentos; se ayudan unos a otros con *algo*.

A sus actividades Terrenales las llaman "trabajos" u "ocupaciones", pero todo lo que hacen es ayudarse.

El resultado en ambos casos —la actividad de los SAE y la de los humanos— es la misma; intercambio de energía. Una forma de energía se transforma en otra.

Si queremos que nuestra especie mejore su calidad de vida, se trata de ver *cómo ocurre* el despertar de nuestra especie.

Exactamente. Y *por qué* ocurre. Cuando entiendas *por qué* sucede el intercambio energético, comprenderás cómo *provocar* que suceda sin necesitar *jamás* del uso de la violencia.

Entonces se convertirán en una sociedad transformada y empezarán a crear un mundo celestial.

¿Por qué sucede esto? ¿Qué causa que ocurra un intercambio de energía?

El amor. La acumulación de energía hasta el punto donde el sentimiento que en su lenguaje definen como "amor" magnetiza las partículas energéticas con partículas energéticas, produciendo una mezcla y un intercambio.

Antes dije que la humanidad se encontraba A Una Decisión de Distancia de lograr que la Empresa Humana se volviera la más exitosa y placentera expresión de la vida en el cosmos.

Dije que debíamos decidir explorar, con la mente abierta, de manera genuina y sin tapujos —y luego aceptar con el corazón abierto, con alegría y sin reservas— la realidad de Quiénes Somos en Realidad.

Ahora me doy cuenta de que podemos dar los primeros pasos hacia la completa implementación de esta decisión con una simple fórmula: *eliminar la violencia* y *recordar amar*.

Sí, y la clave para esta fórmula, la forma más rápida y poderosa para hacerla funcionar, consiste en liberar al fin tu ser de la prisión de tus pensamientos acerca de la Separación. No estás separado de nada. Ni de los demás ni de ninguna forma de vida ni de Dios.

Así que la cuestión se reduce a esto:

Elimina la Violencia y Recuerda Amar
al soltar cualquier pensamiento de Separación.

En realidad de esto se trata todo, ¿verdad?

En realidad de esto se trata todo.

34

Nos acercamos al final de nuestro tiempo juntos. Siento que esta conversación empieza a alcanzar una conclusión. Pero, hablando de Amor... antes, en esta conversación, dijiste que el Amor es quien yo soy, y que eso es lo que somos todos. Cada ser humano. Ahora dices que lo que debemos hacer es "recordar amar". Sin embargo, si todos los humanos ya *somos* Amor... ¿Entonces qué es lo que hay que recordar?

Cómo amar. Estás invitado a recordar cómo amar al recordar que el amor es tu Verdadera Identidad.

Pero no entiendo, si el Amor es Quienes Somos, cómo es posible para algunos humanos actuar de maneras tan poco amorosas. Hablamos al respecto cuando describí, un poco antes, que a menudo soy muy poco amoroso, sin mencionar a la gente que le hace a otros cosas en verdad terribles —cosas que no podría ni querría soñar hacer ni en mis peores momentos.

Nadie hace nada que considere no amoroso. Todo lo que hacen es porque *están* amando.

¿Qué?

Recuerda siempre esto: todo acto es un acto de amor. Esto es verdad para todos, sin excepción.

¿El asesino? ¿El violador? ¿El ladrón? ¿El fanático religioso? ¿El racista intolerante? ¿El político tirano? ¿El estafador financiero? ¿El charlatán emocional?

Mira a profundidad. La toma de conciencia implica mirar a profundidad.

Aquello que está detrás de cada decisión y acción de cada ser sensible es el amor a algo.

Todo lo que debes hacer para comprender por qué algunas personas o grupos han hecho algo es preguntar: ¿por qué amas *tanto* eso que sentiste que debías hacer?

El problema no es que la gente no ame, sino que la gente no sepa *cómo* amar.

Esto de ninguna manera justifica sus acciones, pero sí las explica.

Conforme madura una especie, ésta recuerda cómo expresar amor con pureza.

¿Qué significa "con pureza"?

"Con pureza" significa con ninguna intención ni necesidad de recibir nada a cambio para Uno Mismo.

El Amor Puro es un acto de altruismo, basado en la conciencia de Sí Mismo que nada necesita, requiere o demanda para ser perfectamente feliz.

Éste es el Estado Natural de Devoción —el cual, por cierto, es la razón por la cual Dios no requiere, demanda ni comanda nada de nadie... mucho menos una subyugación abyecta o una veneración degradante, denigrante, humillante, servil o temerosa.

Entonces te das cuenta de que amas con pureza cuando no hay nada para ti al amar. O cuando no sólo no es para tu *beneficio*, sino que no es beneficioso para ti.

Eso sería imposible. Cada expresión pura de Amor trae beneficio a quien ama, ya que a quienes aman con pureza les brinda la experiencia más alta e íntegra que la vida puede ofrecer de Quiénes Son en Realidad.

El propósito último de la Vida Misma es la experiencia última de la Divinidad Misma a través de la expresión última del Amor Mismo, el cual es la definición última de Dios Mismo.

Eso es hermoso. Es en verdad hermoso. Pero ¿es posible para un ser humano expresar amor y experimentar esto? Presiento que estamos regresando a mi pregunta acerca de la integración. ¿Es en verdad posible para mí sentir alguna vez este tipo de amor?

No sólo es posible, sino que todo ser humano lo ha hecho. No existe ningún ser humano en el planeta que no haya sentido esto alguna vez.

Quizá lo hayan sentido al acunar a un bebé en sus brazos. Quizá hayan experimentado este tipo de amor por un lugar o un objeto físico —incluso por algo en apariencia insignificante, como la almohada favorita o un animal de peluche—. Quizá hayan sentido este tipo de amor por una planta o un árbol, un amanecer o el cielo nocturno.

¿Nunca has sentido amor por el cielo nocturno?

Lo llamaría sobrecogimiento. Sobrecogimiento y apreciación.

Que es la forma más alta del amor, porque no desea ni necesita, no recibe ni demanda nada de regreso.

Todos han sentido este tipo de amor. Éste es el amor que tengo para ti. Para cada uno de ustedes.

Cuando amas algo por la sola belleza, el puro gusto y la maravilla de hacerlo, por la felicidad que te da sentir esa energía que brilla en tu interior y emana hacia fuera, estás amando con pureza.

Si buscas recibir algo a cambio, en recompensa por lo que das, entonces no estás amando algo ni a alguien, estás amándote a ti mismo o sólo usas ese algo o a ese alguien como una vía para hacer una cosa.

¡Auch! ¿Y qué hay de malo en amarte a ti mismo? ¿No es cierto que todo amor empieza con el amor propio?

Sí. Pero el amor propio no es un amor que se reciba desde un lugar fuera de uno mismo. El amor propio es amor POR Mí Mismo, DE Mí Mismo —por la sola belleza, la sola maravilla, la sola alegría de Ser quien y como soy.

Ésta es la manera en que Dios ama su Ser Dios. ¡Ésta es la manera en que yo ME amo! ¡Y es la manera en que te invito a amarte a TI!

Quisiera poder hacerlo, en verdad. Es decir, de manera total, completa, permanente. Pero es difícil para mí lograrlo con todas mis fallas, mis manías, mis errores.

Aquí vamos de nuevo. Te lo digo una vez más, como lo he hecho tantas veces ya: tú eres perfecto.

Tal como eres, eres *perfecto.*

Así como no ves nada más que belleza y perfección en un recién nacido de un día de edad y un infante de una semana y un bebé de un mes, así yo veo tan sólo perfección en ti.

Y, por cierto, vería así las cosas si tuvieras *cien* años... no, mil años. Porque eso sería tan sólo un latido en la vida del universo.

Estás creciendo, expandiendo, ampliando y completando la experiencia de tu Ser Verdadero a través de tu expresión en el Ámbito de lo Físico. Aquí, en este magnífico planeta llamado Tierra.

Nos encontraremos en Unión Perfecta de nuevo cuando regreses al Hogar y, como te lo he prometido en todas tus vidas, nunca —ni por un momento— estarás sin mí mientras estés lejos.

Te amo ahora como te he amado siempre, con una pureza que no pide, no necesita ni demanda nada a cambio —ya que Tú y Yo somos Uno Eternamente, y esta experiencia es todo lo que Nuestro Ser desea.

Estoy profundamente conmovido por esto. Estoy conmovido y renovado. Ahora lo único que quiero es aplicarlo en mi vida.

35

Quiero hacer esto *realidad*. Quiero hacer esto verdadero para mí en mi *experiencia*.

Este diálogo ha incluido algunas introspecciones maravillosas, me ha brindado algunos recordatorios que han llegado en el momento preciso y me ha otorgado algunas herramientas poderosas en potencia. Y los dieciséis elementos de la lista de las diferencias entre los Seres Altamente Evolucionados de Otra Dimensión y los humanos serán como faros en mi viaje, estoy seguro. Pero lo que necesito ahora es saber y sentir que la idea de nuestro despertar y avance como especie no es sólo un sueño imposible, algo que suena bonito pero que es prácticamente inalcanzable para una persona promedio.

Cuando este diálogo termine, no quiero regresar a "la vida de siempre".

Mira, para continuar sólo tengo mi propia experiencia, así que tiendo a desmotivarme un poco en momentos como éste. Me inspiro con las *posibilidades* y me desanimo con las *probabilidades*. ¿Lo comprendes?

Por supuesto que sí. Sin embargo, si sólo tienes tu propia experiencia para continuar, deberías estar animado por completo y no desmotivado.

No entiendo. Soy un simple ser humano, no un Buda, no un Cristo, no un Lao-Tsé ni una Madre María, un Confucio o una Catalina de Génova. Para decirlo en términos más contemporáneos, no soy un Paramahansa Yogananda ni una Madre Meera.

Sé que, en nuestras bases, en nuestros *cimientos*, todos somos iguales —que estoy "cortado con la misma tijera" que todos esos otros maravillosos—, pero en mi vida no demuestro cualidades que lo evidencien.

De hecho sí lo haces. Pero en un minuto abordaremos ese tema. Por ahora es perfecto que no te estés experimentando a ti mismo como alguien así. ¿Te das cuenta? ¿Puedes verlo, verdad?

A veces incluso se me dificulta esa idea linda y en apariencia espiritual y certera. A veces pienso que decirme a mí mismo que mi ser es "perfecto", que mi progreso es tan lento en *actuar* como si estuviera consciente del hecho de que estoy consciente, implica darme un pase libre; una manera de justificar mi pasado y perdonar las derrotas de mi presente.

Primero, no hay nada que perdonar —nada que no le "perdonarías" a un niño de diez años que no se haya aprendido bien las tablas de multiplicar ni a un niño de cuatro que derramó la leche en su fiesta de cumpleaños—. No necesitas "perdonar", porque entiendes a la perfección cómo podrían haber sucedido estas cosas. En la mente del maestro la comprensión sustituye al perdón.

Lo sé, lo sé. Has enfatizado este punto en repetidas ocasiones, y en verdad veo y aprecio la lógica pura y maravillosamente generosa que posee. Sin embargo, para mí esta idea de "perfección" a veces se llega a sentir como una fabulosa "vía de escape". De alguna manera la idea de que "todo está bien" me hace sentir que no necesito trabajar para ser mejor.

Bueno, por supuesto que no "necesitas" hacerlo. La necesidad nada tiene que ver con esto. Nadie está llevando la cuenta. Nadie está juzgando ni castigando. Así que no se trata de necesidad. Se trata de deseo.

Bueno, puedo decir con honestidad que tengo deseo. En verdad anhelo hacer lo que de manera consistente nos has invitado a hacer: anunciar y declarar, expresar y satisfacer, alcanzar y experimentar la siguiente y más grandiosa versión de la más grande visión que jamás tuvimos sobre Quiénes Somos. Supongo que no soy capaz de ver la "perfección" cuando me ha tomado más de 70 años comprender por qué estoy aquí —y mucho menos en adentrarme en esa vivencia.

Intenta pensar en tu proceso de esta manera: si años atrás hubieras alcanzado el nivel de demostración de, digamos, Lao-Tsé, ¿crees que estarías en la posición de formular preguntas que han llenado tres mil páginas de nueve libros?

Probablemente no.

¿*Probablemente* no?

Definitivamente no.

Así que podrías estar entre los más prolíficos cuestionadores de tu generación. ¿Y crees que las preguntas que has hecho, y las respuestas que has recibido, te han dado algún beneficio?

Sí. En definitiva.

¿Y les han dado beneficio a otros?

Quizá. Hay quienes dicen que estas preguntas y respuestas los han beneficiado, de modo que supongo que, si les creo, la respuesta es sí. Pero no quiero regodearme al respecto. Me siento honrado por eso, no me jacto, y siempre quiero sentirme así.

Te sientes respecto a todo justo de la manera en que eliges sentirte, basado en tu decisión de Quién Eres, Por Qué Estás Aquí y cómo deseas demostrarlo. Entonces, ¿puedes elegir sentir que ha sido perfecto que no te percibas al nivel de demostración de la Madre María, Lao-Tsé u otros que han sido considerados maestros?

De acuerdo. Pero ahora quiero más. Supongo que puedes considerarlo como un aumento de mi deseo. Quiero saber cómo sería para mí y otros miembros de nuestra especie *tener conciencia* de cuando hemos despertado y cómo nos comportaremos cuando *empecemos a actuar conforme a esto*.

De hecho, en diálogos previos he respondido a esta pregunta.

¿La responderías de nuevo para nosotros ahora, a fin de ahorrarnos la tarea de buscarlo?

Sí. Si decides actuar como alguien consciente de estar despierto, harías muchas cosas más.

Además de seguir los pasos de la lista de los dieciséis elementos que nos diferencian de los SAE.

Sí, además de esos pasos.

Primero, no darás vueltas en tu mente a pensamientos negativos. Si un pensamiento negativo se desliza sin que te des cuenta, lo sacarás de inmediato de tu mente. Pensarás en algo más, con deliberación. Tan sólo *cambiarás tu parecer al respecto.*

También te amarás por completo, tal y como eres. Y amarás de igual forma a los demás, tal y como son. Después amarás de lleno la vida, tal y como es, sin necesitar que nada cambie y mirando todo como algo a través de lo cual transitas para *conocerlo*, y crear un contexto que te provea de una oportunidad para demostrar Quién Eres.

No perdonarás a nadie ni nada, nunca más, porque sabes que el perdón no es necesario ni natural para los humanos conscientes de estar despiertos. Verás con claridad que aferrarte a la idea de que es necesario el perdón implica aferrarte a la idea de que se perpetró un daño, y como humano consciente te darás cuenta de que el daño no es posible en la experiencia de la Divinidad —que es Quien Eres—. Por lo tanto, reemplazarás el perdón por el entendimiento de tus interacciones con los demás, lo cual te llevará de manera natural a la compasión hacia los otros a medida que experimentas la plena noción del dolor, la ira y la tristeza que debieron sentir a ese nivel para provocar que abandonaran su verdadera naturaleza y se comportaran así.

También, como una persona despierta, no te lamentarás por la muerte de otro, ni siquiera por un momento. Podrás lamentar tu pérdida, pero no su muerte —de hecho, celebrarás los momentos de amor y alegría que esa persona compartió con los demás, al saber que continúan viviendo en una expresión libre y maravillosa de tu proceso evolutivo—. Y por los mismos motivos no sentirás temor ni te lamentarás por tu propia muerte.

Por último, reconocerás que todo es energía en vibración. Todo. Y así pondrás mucha mayor atención a la vibración de todo lo que comes, usas, miras, lees o escuchas y, lo más importante, de todo lo que piensas, dices y haces. Si te percatas de que tu vibración no está en resonancia con los más altos conocimientos que tienes de Quien Eres y la experiencia que eliges demostrar, de inmediato ajustarás la vibración de tu propia energía y la energía de la vida que estás creando a tu alrededor.

Todo eso suena como una gran orden. ¿Te das cuenta? Éste es el momento en que me desanimo. Por mi experiencia, las metas son difíciles de alcanzar, y éstos son comportamientos de los maestros a quienes resulta muy difícil emular.

De hecho, tu experiencia ha sido justo la opuesta.

Yo... No entiendo lo que dices.

Ya experimentaste todo eso.

Has tenido momentos en que te has alejado de un pensamiento negativo y tan sólo has cambiado tu forma de ver las cosas.

Has tenido momentos en que te has amado a ti mismo, a los demás y a la vida de manera plena y no has necesitado nada a cambio —incluso cuando no todo era de tu agrado.

Has tenido momentos en los que experimentaste que no era en realidad necesario perdonar a alguien por algo que hizo, sin por eso estar de acuerdo o condonar lo que hizo ni por qué y cómo lo hizo.

Has tenido momentos en que te has dejado de lamentar por la muerte de alguien, y también has tenido momentos en los que tú mismo no has temido tu propia muerte.

Por último, ha habido muchos momentos en que has sentido la vibración del instante, de algo que estabas proyectando o algo que te invitaban a comer, usar o hacer, y respondiste a esa vibración cambiando de frecuencia tu propia energía y tomando una nueva decisión respecto a aquello que se te invitaba a experimentar.

Todos ustedes ya han hecho *todo* esto. Nada de lo anterior está fuera de sus capacidades. Ni un solo aspecto de lo anterior está más allá de su comprensión. Nada de lo descrito aquí excede su nivel de maestría como seres sensibles.

Tan sólo deben decidir ser así más a menudo.

¡Oh, Dios mío! Nunca imaginé que fuera tan sencillo.

Puede ser así de sencillo.

¿Crees que puedo hacerlo? ¿Crees que cualquiera de nosotros puede hacerlo? Sé que casi estoy rogando por una respuesta, pero…

... por supuesto que puedes. Es tan sencillo como observar el comportamiento que no te sirve y reemplazarlo con una respuesta a las invitaciones de la vida que ahora eliges. ¿Acaso nunca has cambiado eso que llamas un "mal hábito"?

Sí, lo he hecho. La mayoría de nosotros podemos afirmar que hemos tenido cierto éxito al hacerlo.

Ahí tienes. ¿Y qué te hizo cambiar de hábitos?

Quería hacerlo. Sólo decidí que quería hacerlo.

¿Y qué te hizo decidir eso?

Mirar hacia atrás. Supongo que era simple y llano deseo. Ya no anhelaba exhibir ni experimentar ese comportamiento. En mi caso, el hábito más grande con el que terminé fue fumar. Fumé por más de veinte años y llegué a fumar una cajetilla y media al día. Luego, un día, tan sólo decidí detenerme. En seco. Un día fumaba, al siguiente ya no. Eso fue hace treinta años. Y no es el único hábito que he sentido que era perjudicial y con el que he terminado.

De modo que has probado tu habilidad para cambiar de manera abrupta comportamientos de años.

Sí.

Así que tu movimiento de una persona despierta y que no sabe cómo actuar conforme a esto, a una persona despierta que elige actuar como Quien Es, está a un paso, a Una Decisión de Distancia —como tú mismo dijiste ya en esta conversación.

Y fácilmente puedes dar ese paso, hacer ese movimiento, porque, a diferencia de terminar con un mal hábito, esto ni siquiera se trata de adoptar todo un nuevo comportamiento. Es tan sólo hacer lo que ya haces en tu vida, pero ahora *más a menudo.*

¿Sabes? Nunca lo pensé así. Nunca pensé que cada uno de estos comportamientos fueran cosas que ya he hecho. Pensaba en ellos como cosas que debo *lograr,* no como algo que se me haya invitado a *repetir*. Los consideraba como habilidades que debo *adquirir* y no como comportamientos que estoy invitado a *replicar*.

Me doy cuenta de algo de lo que no me había percatado antes. Veo que puedo llegar a donde quiero con mayor facilidad de la que nunca pensé, *porque ya he estado ahí*. Conozco el *camino* hacia ese lugar. Esto me resulta emocionante. ¡Ah, esto me ha animado y estimulado!

No debo *reinventarme*, sólo tengo que *restablecerme*, restaurarme, reinstalarme en los momentos como ya he estado antes.

Éste es un gran despertar. Ahora estás consciente del hecho de haber despertado.

No hay mucho más que decir, ¿verdad?

No, no lo hay.

Entonces, ¿esto es todo?

Esto es todo.

Gracias, Dios. Gracias, mi querido, querido amigo. Siempre recordaré esta experiencia y estaré agradecido hasta el final de mis días.

El cual nunca llegará.

El cual nunca llegará. Amén y amén.

EPÍLOGO

Mis queridos, muy queridos compañeros de este viaje... Esto no es fácil, ¿verdad?

Me refiero a este viaje a través de la vida.

Para la mayoría de nosotros no resulta fácil. Implica tristeza y tragedia en muchos momentos. Sí, también felicidad. Y momentos de gran alegría, por supuesto. Pero el peso del corazón y el dolor que sentimos cuando éste se rompe una y otra vez tiene consecuencias —eso es innegable—. Incluso el optimista lo siente algunas mañanas cuando se levanta, y también ciertas noches en que se lleva a la cama el peso y el recuerdo de los sucesos.

Durante cincuenta años me he dicho a mí mismo: "Debe existir una razón. Debe existir un propósito. Todo esto tiene que formar parte de un Proceso Mayor en el que todos estamos involucrados. La vida *debe* ser más que una serie de eventos al azar a la cual estamos sometidos, con la Campana Final sonando en el momento menos esperado".

Las Conversaciones con Dios que he tenido desde que pasé mi cumpleaños número cuarenta y nueve —ahora hace veinticuatro años— me han convencido de que esto es verdad. Y este último diálogo —por completo inesperado y lleno de sorpresas— me lo ha confirmado. Pero, por favor, escúchenme mientras me despido: podría estar equivocado respecto a todo esto.

Ni por un segundo piensen que no reflexiono al respecto. Lo pienso todo el tiempo.

Varios entrevistadores me han hecho básicamente la misma pregunta. ¿Experimento dudas acerca de la experiencia que tuve o la información que recibí?

A todos les he dado la misma respuesta: "El día en que deje de dudar será el día en que me volveré peligroso, y no tengo ninguna intención de volverme peligroso".

De modo que quiero decirte que *tú* también dudes. (Estoy seguro de que no requiero motivar esto.) Quiero que tengas claro que uno de los más importantes mensajes de los diálogos de Conversaciones con Dios es no creerlos.

De hecho, en el primer libro de los nueve textos escuchamos lo siguiente en la voz de Dios: "Cree *nada* de lo que digo. Simplemente *vívelo. Experiméntalo.* Y luego vive cualquier otro paradigma que quieras construir. Después, observa tu *experiencia* para encontrar la verdad".

Hacemos bien en seguir siendo nuestra propia autoridad respecto a todas las cuestiones relacionadas con el Ser y el alma. Nadie puede decirnos qué es lo verdadero para nosotros, y nadie debería intentarlo.

Dicho lo anterior, cuando leí las recomendaciones y las sugerencias acerca de cómo vivir mi propia vida en el diálogo de Conversaciones con Dios, adquirí mucha claridad sobre lo que es verdad para mí y no pude evitar pensar lo siguiente: "Desearía que alguien me hubiera dicho estas cosas hace cincuenta años. No imagino una mejor manera para vivir".

Y, sin embargo, sé que no todos estarán de acuerdo. No todos resonarán con lo que aquí se ha escrito. Algunos lo considerarán bizarro y excéntrico; otros dirán que es mucho peor que eso y lo etiquetarán como blasfemo y hereje. Quiero que sepan que sinceramente respeto y honro su punto de vista —y todos los puntos de vista a los que llegaron de manera sincera, que sostuvieron con honestidad y que expresaron sin violencia alguna.

El tema del que hablamos aquí es poderoso, y resulta bueno proceder con cautela. Todo éste se encuentra envuelto en nuestra relación con lo Divino —y sobre todo en la cuestión de si *existe* un "Dios"—. Y no es una cuestión pequeña.

Nuestro entendimiento de todo lo anterior es significativo porque la mayoría de los seres humanos necesitan y buscan, y tarde o temprano anhelan con vehemencia encontrar algún *sentido* a la vida. Sin ese sentido, sin algún *propósito* en la vida, muchos de nosotros nos encontraríamos caminando arduamente con esa pesadez de corazón que he mencionado.

Nos moveríamos por la vida tratando de sacar lo mejor de algo que ni siquiera hemos empezado a comprender, y atravesaríamos los días y las noches involucrados en actividades cada vez más sin sentido, carentes de valor, sin objetivo y que no clarificarían nada, producirían poco y no generarían mucho más que la acumulación de más cosas que hacer, mientras nos dirigimos hacia el final que llamamos muerte. Y la anticipación de la muerte sólo ofrece un sentimiento inflamado de algo amargo, risible y que no da frutos.

Así que anhelamos y buscamos.

Al reflexionar con mayor profundidad mientras escribo estas palabras, llego a un lugar donde sé que, si acogemos la noción de que existe algún tipo de Poder Superior, nuestro afán por alcanzar la claridad podría estar garantizado.

Dios nos ha dicho a todos: "Busquen y encontrarán. Llamen y me abriré a ustedes". Por medio de nuestra comunión con lo Divino tendríamos que recordar que *hay* algo que es más grande. Se nos puede presentar información que de pronto vuelva aparente la vastedad de todo lo que es. De hecho, el libro que estás leyendo podría ser parte de ese mismo proceso, y está sucediendo en este instante.

No creo que tu interacción con lo Divino pretendiera ser un encuentro unilateral. Creo que buscaba darte consuelo, producir una meta digna de tu dedicación, tu compromiso, tu tiempo y tu esfuerzo.

Entonces te invito a que cada día te involucres en tu propia conversación con Dios, en una forma que sientas natural y buena, basada en tu tradición o tus sentimientos más íntimos. Llámala oración, meditación, inspiración; llámala como desees. Y si mi intercambio con Dios te lleva a establecer el tuyo, mi publicación habrá cumplido su objetivo.

Si estás en armonía con el material de Conversaciones con Dios, encontrarás en este texto cuanto necesitas para trasladar los mensajes de Conversaciones con Dios de manera más integral a tu vida. Tan sólo acoge y aplica los dieciséis elementos que describen la diferencia entre los humanos y los Seres Altamente Evolucionados, usa con regularidad las siete herramientas exploradas en la parte de este diálogo relacionada con la integración y repite cada día los comportamientos que ya has demostrado que eres perfectamente capaz de hacer. Y luego no te sorprendas de que tu vida cambie frente a tus propios ojos.

Ahora permíteme compartirte algunos pensamientos finales, escritos y añadidos a este libro varias semanas después de que terminé la escritura del texto principal.

El 1 de noviembre de 2016 me sometí a una cirugía repentina de corazón abierto: un *bypass* quíntuple. No supe que lo necesitaba hasta que unos días antes un angiograma confirmó mi sospecha de que algo andaba mal con mi viejo reloj. No me sentía bien y pensé que debía revisarme. Resultó que tenía cinco arterias bloqueadas en el corazón —una de ellas a noventa y ocho por ciento.

Comparto esta información tan personal con ustedes por una razón. No para ganar su simpatía, sino para obtener su atención.

Esta vida que vivimos, esta vida por la que caminamos tú y yo de la mano, no seguirá para siempre. No en su forma presente. Nuestra existencia es eterna, pero nuestras vidas en cualquier forma particular no lo son.

Lo anterior me ha sido evidenciado de una manera muy, muy poderosa. No hay nada como que te abran el pecho de par en par, te detengan el corazón, conecten tu cuerpo a una máquina que por tres horas sustituye la circulación sanguínea y la respiración, y luego te cierren el pecho como un cierre, para que este mensaje quede claro: tú no eres tu cuerpo. Tu cuerpo es algo que tienes, no algo que eres. Quien tú eres es eterno. Lo que tienes, no.

La poeta estadounidense Em Claire —de quien puedo decir con alegría que es mi amada esposa— plasmó a la perfección esta realidad en su poema *Suceso precioso:*

Soy un suceso precioso,
y no tengo mucho tiempo.

Somos un suceso precioso.

Y mientras pensemos que tenemos,
no tenemos mucho.

Demasiado tiempo se ha gastado
corriendo
de rostro en rostro
preguntando: "¿Cuál es mi nombre?".

Si no lo sabes aún
o lo has olvidado,

entonces detente, ve hacia dentro
y respóndete.

Tú eres un Suceso Precioso.

Dinos tu nombre.

"Suceso precioso", *em claire*

emclaire.love

La experiencia de mi cirugía a corazón abierto me hizo pensar mucho y a profundidad. Y no por un momento o dos, sino desde el día de la operación hasta esto que escribo. ¿Qué quiero hacer con el tiempo que le resta a mi cuerpo presente?

Y, para el caso, ¿qué queremos hacer todos nosotros? Es decir, ¿por qué vinimos aquí? ¿Qué importará en realidad al final de nuestra materialización actual?

¿Vinimos aquí a conseguir al chico, a conseguir a la chica, a conseguir el trabajo, a conseguir al esposo, a conseguir a los niños, a conseguir la casa, a conseguir un mejor trabajo, a conseguir un mejor auto, a conseguir una mejor casa, a conseguir nietos, a conseguir nuestro nombre en la puerta de la oficina o negocio para el que trabajamos, a conseguir un retiro, a conseguir boletos para un crucero, a conseguir una enfermedad y a conseguir salir de aquí? ¿Es ésta en verdad la fórmula de la vida?

¿No hay nada más que hacer? ¿Hubo alguna vez algo más que hacer?

Luego me dije: "Espera un minuto. Acabas de recibir un libro de Dios. ¿Cuál es su mensaje más importante? Quizá quieras poner atención a eso".

Así que releí este libro de principio a fin. Y decidí que éste es el mensaje más importante de todos: "Ya estás despierto. Tan sólo no lo sabes".

Ahora lo veo como mi oportunidad. Mi momento no de buscar ser despertado, sino de comprometerme a comportarme de una manera que refleje aquello que ya soy —con cada pensamiento, cada palabra, cada gesto, acción, elección o decisión a partir de este momento.

Yo he decidido por mí mismo. Y me encuentro deseando invitar a todos a que hagan lo mismo.

Ahora *es* el momento perfecto para que tú avances como individuo y como especie. Y no tiene que ser un asunto tedioso ni una carga. Puede ser una alegría. Expresar cada día la mejor parte y la más grandiosa de nosotros se sentirá de maravilla. Todo lo que debemos hacer es deshacernos de los temores y la negatividad.

Intentémoslo. Por una semana. No, por un día. Veamos qué pensamos. Qué decimos. Contemos las veces que nuestros pensamientos y palabras —acerca de lo que sea— son negativos. Contemos las veces que añaden energía positiva y buenas vibraciones al momento, o si lo agotan.

Y luego aceptemos la invitación de la Divinidad y digámonos en cada encuentro, en cada interacción, en cada experiencia anticipada con otros: "He venido para que tengas vida, y para que la tengas en abundancia".

Permitamos que esto otorgue contexto a nuestra expresión intelectual, emocional y física desde el amanecer hasta el anochecer.

Si has decidido unirte a mí en el siguiente —y acaso el más importante y excitante— paso de tu jornada evolutiva, en www.ihaveselfselected.com encontrarás recursos que te ayudarán.

Los he creado para ayudarme a mí mismo, con base en los aspectos centrales de los mensajes reunidos y el material de los diálogos de Conversaciones con Dios —que cambiaron mi vida y prometen más y más grandes cambios por venir.

¿Crees que podamos hacer estos cambios? ¿Piensas que el mundo que tocamos estaría mejor si los lleváramos a cabo?

Ah, pero he aquí la pregunta verdadera: ¿por qué molestarse en hacerlo? No es un trabajo fácil. Dejando a un lado los siglos —no, *milenios*— de proclividades, aficiones, inclinaciones y propensiones humanas, no es algo que se pueda lograr de la noche a la mañana. Requiere pensar de una nueva manera, comprender la vida de una nueva manera, hablar con los demás de una nueva manera, manifestarse en el mundo de una nueva manera.

¿Para qué molestarse? ¿Por qué no simplemente conseguir al chico o la chica, conseguir el coche, conseguir el trabajo, conseguir al esposo, conseguir la casa, conseguir a los niños, étcera, y conseguir una vida que no tiene un propósito más allá que eso?

Porque vinimos aquí a hacer más que eso.

No vinimos aquí a jugar El Que Tenga Más Juguetes Gana. No vinimos aquí a chillar, deslizándonos del nacimiento a la muerte, deseando poco más que soportar la menor cantidad de daño y crear el más alto nivel de lo que sea que definamos como "felicidad" y "éxito". ¿En verdad creemos que esto se supone que es la Suma Total de la Experiencia Terrestre?

Ésa también es otra razón por la cual tomarse la molestia.

Porque nuestro mundo —el cual deseas dejar a tus hijos y a tus nietos— no puede continuar existiendo como lo ha hecho hasta ahora, ya que simplemente no es sostenible cuanto todo lo que los humanos siguen haciendo es "conseguir al chico, conseguir a la chica, conseguir el auto, conseguir el trabajo".

Ya es tiempo de que nuestra especie despierte, avance, cobre conciencia de Quiénes Somos y Por Qué Estamos Aquí y del Propósito de Toda Vida.

¿El propósito de la existencia tan sólo es *existir?*

Ciertamente no. De seguro debe haber más que eso.

Y lo hay. Los libros de la serie Conversaciones con Dios lo dejan claro. Por eso los uso todos los días de mi vida. Espero que tú también lo hagas. Léelos. Todos. No porque yo piense que encontrarás La Respuesta al Más Grande Misterio de la Vida, sino porque creo que ahí encontrarás el camino de Tu Propia Respuesta. Estarás o no de acuerdo con lo que se ofrece en esos textos, pero de cualquier manera te habrás acercado a tu propia y más íntima verdad.

Y así podrás vivirla de manera más integral.

Y luego podrás dotar de conciencia a la especie. Ya que aquel que vive su más alta y grandiosa verdad interior sobre sí mismo y el propósito de la vida, no puede evitar tocar a los otros de una manera que les devuelve la noción de sí mismos, y los levanta de la duermevela del olvido, reflejándoles sus más grandes anhelos y pensamientos.

Ésta es nuestra invitación. Ésta es nuestra oportunidad. Éste es el siguiente paso en nuestra propia evolución. Y dar este siguiente paso es el propósito de toda vida. Para que el alma exprese vida a través del avance, avance, *avance*. Expansión, expansión, *expansión*. Transformación, transformación, *transformación*. Eternamente, por siempre y para siempre.

Éste es el deleite de Dios, encarnado en cada ser viviente.

Te invito a permitir que éste también sea tu deleite.

Con todo mi amor,

Neale Donald Walsch
Ashland, Oregón
22 de noviembre de 2016

Post scriptum. Si te encuentras energizado por la Tercera Invitación que nos fue brindada en este diálogo, te invito a que veas que en todo el mundo hay muchas organizaciones y movimientos que piden apoyo para ayudar al despertar de nuestra especie.

Una de estas organizaciones se ha constituido directamente a partir de los mensajes de Conversaciones con Dios. Es el Humanity's Team (humanityteam.org), cuyo propósito es enviar el mensaje de unidad a todo el mundo para poner fin a la separación. Otra es la Fundación de las Conversaciones con Dios (cwg.org, por sus siglas en inglés: Conversations with God Foundation), la cual trabaja para enviar los mensajes de los diálogos de Conversaciones con Dios a todo el mundo.

Y si deseas revisar y estudiar a detalle los contenidos de los nueve diálogos —y quizá incluso participar en el Programa de Integración Avanzada para la exploración y aplicación de sus mensajes— puedes hacerlo en www.cwgconnect.com, un sitio que, confío, continuará siendo un recurso mucho después de que yo celebre mi Día de Continuación.

Por último, no puedo terminar esta nota de cierre sin compartir mi más profunda gratitud hacia mi esposa Em, quien ha sido mi fortaleza en tiempos de duda, mi claridad en tiempos de confusión y mi compañera de alma de Te-Entiendo-Completamente-Y-Te-Amo-Incondicionalmente siempre que percibió el más ínfimo rastro de tentación momentánea de imaginar que estaba yo solo en este Viaje.

Por fin me he sentido "Otro" en esta vida. Sabía que era posible. Simplemente lo *sabía*. Pero sí, lo experimento como algo poco frecuente. Mi más grande felicidad es que ahora puedo decirles con absoluta certeza que la manera de amar de Dios es expresable a través de los seres humanos aquí, en la Tierra. Mi querida Em es la evidencia viva de eso. Las expresiones poéticas de Em me han inspirado una y otra vez, y por eso quiero cerrar con otra de estas expresiones, para que tú también te reanimes.

A medida que he vuelto a la contemplación del Dios de mi entendimiento a la cual este nuevo diálogo me invita, me encuentro deseando mostrar al mundo la importante e intrigante indagación que el poema de Em, de su libro publicado *Home Remembers Me*, nos plantea.

No puedo pensar en una mejor manera de concluir esta última conversación con Dios.

No sé si mi dios es
el mismo que tu dios:

¿Está hecho de amor?

¿Quiere para ti lo mismo que *tú* quieres para ti?

¿Viene con los brazos abiertos,
preguntando nada, pero listo para todo?

¿Te susurra sobre la Luz y sobre
la Quietud y te dirige hacia *cualquiera*
de los senderos que te llevarán ahí?

¿Te recuerda tu Ver?
¿Te recuerda tu Saber?
¿Te recuerda al más gentil Amante
que soñaste, consolándote
por todo tu cuerpo,
para acariciar la fatiga de tu corazón?

¿Alguna vez llega tarde?

¿Alguna vez se ha ido?

¿Está hecho de amor?

ACERCA DE LA SERIE CONVERSACIONES CON DIOS

Hay nueve libros en la serie de diálogos de Conversaciones con Dios, y cada uno de ellos avanza en la exposición para aumentar los niveles de complejidad y amplía las áreas de exploración.

De esta misma forma se ha producido un número adicional de volúmenes para ofrecer articulaciones expandidas de las aplicaciones espirituales y prácticas para la vida diaria, a partir de la sobresaliente construcción de ideas que emergieron del diálogo original.

Los textos adicionales extienden los mensajes originales hacia vastas áreas de la actividad humana, incluyendo los intereses específicos de la gente más joven (*Conversaciones con Dios para jóvenes*), la esencia de cómo se ve y siente traer a Dios a la vida de uno (*The Holy Experience*), el encuentro cotidiano con el cambio inesperado y no deseado (*El cambio está en ti*), las vías abiertas a la humanidad para manejar su turbulencia política, económica y social (*La tormenta antes de la calma*), y aquello que posee un verdadero significado en nuestras vidas, con base en el deseo único del alma humana (*Lo único que importa*).

El poderoso tratado de cómo usar la completa y poderosa metafísica del universo llena las páginas de *Más feliz que Dios;* la fórmula de Conversaciones con Dios para crear la subsistencia correcta es el tema de *Portadores de luz*, y el resumen preciso de los conceptos centrales en las tres mil páginas originales del diálogo puede encontrarse en *Lo que dijo Dios*, donde estos conceptos se redujeron a mil palabras, con capítulos que explican cada concepto a detalle. El breve volumen *Lo que Dios quiere* contiene un comunicado consistente que le puede servir a cualquiera que se pregunte de qué tratan todos los libros de Conversaciones con Dios, pero que no tiene el tiempo de adentrarse en todos los trabajos. Luego, una exploración muy específica de los malentendidos más dañinos de la Deidad, que millones de humanos han sostenido durante miles de años, se ofrece en *Los mensajes de Dios para el mundo: me han entendido mal*.

Para concluir con la lista de textos adicionales: en *Conversaciones con Dios para padres: compartiendo el mensaje con los niños* se presentan estrategias increíblemente útiles para llevar la mayor cantidad de mensajes de Conversaciones con Dios a los retoños de la humanidad, desde infantes hasta preadolescentes, en coautoría con Laurie Farley y Emily Filmore. Una mirada a la intersección de Conversaciones con Dios y las profesiones de medicina tradicional se encuentra en *Where God and Medicine Meet*, en coautoría con el doctor en medicina Brit Cooper; finalmente, una guía para maestros quienes desean ofrecer clases de este material se publicó con el título de *El libro para acompañar Conversaciones con Dios*.

ACERCA DEL AUTOR

NEALE DONALD WALSCH es un mensajero espiritual de nuestros tiempos cuyo trabajo ha tocado la vida de millones. Ha escrito veintinueve libros acerca de espiritualidad contemporánea durante los veintitrés años desde que reportó haber tenido una experiencia en la que sintió la presencia de la Divinidad, empezó a preguntarse sobre Dios en una libreta de hojas amarillas y recibió las respuestas en un proceso que él describe como tomar dictado. El resultado de este encuentro fue una serie de nueve partes de Conversaciones con Dios, la cual ha sido publicada en los idiomas más importantes del mundo.

Walsch les ha dicho a sus lectores y a los medios de comunicación —lo cual ha atraído la atención del mundo a su experiencia— que todos están sosteniendo una conversación con Dios todo el tiempo, y que la cuestión no es ¿a quién le habla Dios?, sino ¿quién escucha?

Afirma que toda su vida ha cambiado como resultado de su propia decisión de escuchar. Tomó notas de las preguntas en su corazón y de las respuestas que iba recibiendo, de manera que siempre pudiera recordar sus intercambios con la Deidad. Sólo después se dio cuenta de que había sido invitado a poner estas palabras en el mundo, como muchos a lo largo de la historia que han hecho su mejor esfuerzo por escuchar y articular el mensaje de Dios. Él sabe que todos están recibiendo estos mensajes e invita a toda la gente, en todas partes, a compartirlos y a vivirlos de la mejor manera posible, ya que Neale cree que el mundo cambiaría de un día para otro si al menos una fracción de los humanos acogiera el mensaje más importante de Dios: "Me han entendido mal".